Albert Socin

Arabische Sprichwörter und Redensarten

Albert Socin

Arabische Sprichwörter und Redensarten

ISBN/EAN: 9783743662247

Hergestellt in Europa, USA, Kanada, Australien, Japan

Cover: Foto ©ninafisch / pixelio.de

Weitere Bücher finden Sie auf **www.hansebooks.com**

EINLADUNG

ZUR

AKADEMISCHEN FEIER DES GEBURTSFESTES

SEINER MAJESTÄT DES KÖNIGS

KARL VON WÜRTTEMBERG

AM 7. MÄRZ 1878

IM NAMEN

DES

RECTORS UND AKADEMISCHEN SENATS

DER

KÖNIGLICHEN EBERHARD-KARLS-UNIVERSITÄT TÜBINGEN.

BEIGEFÜGT SIND:

ARABISCHE SPRICHWÖRTER UND REDENSARTEN

GESAMMELT UND ERKLÄRT VON

DR. ALBERT SOCIN,

ORDENTLICHEM PROFESSOR DER SEMITISCHEN SPRACHEN.

[redacted]

TÜBINGEN.

Unsere Hochschule wird den am 6. März wiederkehrenden Geburtstag

Seiner Majestät unseres gnädigsten Königs

in gewohnter Weise durch einen festlichen Akt begehen. Die Festrede wird von dem

Rector

Professor Dr. von Weizsäcker

gehalten werden

über

die Facultäten-Eintheilung der Universität.

Zu dieser akademischen Feier werden alle Mitglieder und Freunde der Universität auf den genannten Tag, Vormittags nach Beendigung des öffentlichen Gottesdienstes, in den Festsaal der Aula geziemendst eingeladen.

Rector und akademischer Senat.

Arabische Sprichwörter und Redensarten.

Einleitung.

a. Die kleine Sammlung von arabischen Sprüchen, welche ich hiemit der Oeffentlichkeit übergebe, bildet einen Theil der Texte lebender Dialecte, welche ich aus dem Orient zurückgebracht habe. Wie meine erste Reise in den Osten überhaupt das Studium solcher Dialecte zum Hauptzweck hatte, so unternahm ich auch hauptsächlich aus sprachlichem Interesse eine Nachlese arabischer Sprichwörter.

Was mich aber bewogen hat, diese Sammlung gerade jetzt hervorzuziehen, war die Erwägung, einerseits dass die vorliegenden Sprichwörter wesentlich dazu beitragen, ein Bild von der Denkungsart der Einwohner Südkurdistāns — einer Gegend, mit welcher ich mich seit einigen Jahren beschäftige — zu geben, andrerseits, dass gerade auch der arabische Dialect jener Gegend beinahe noch völlig unbekannt ist. Insofern schien es geboten, gerade jetzt, wo die Vollendung eines grösseren Werkes über den syrischen Dialect des Ṭūr elʿâbedīn näher gerückt ist, auch von einer andern Seite einen Beitrag zur Kenntniss jener Provinz zu liefern. Leider musste ich, da meine Sammlungen über das Mass einer Gelegenheitsschrift hinausgehen, dieselben theilen, hoffe aber den Rest, welcher hauptsächlich aus Redensarten, Volksreimen, Marktrufen und Prosastücken besteht, baldigst anderwärts zu veröffentlichen.

Jene Gegend von Mōṣul und Mārdīn, in welcher die Sammlung grösstentheils entstand, ist, wie auch aus dem dort gesprochenen Dialecte hervorgeht, ein höchst interessantes und eigenthümliches Gebiet des Türkenreiches, vor allem ein

Land, welches von dem europaisirenden Einfluss viel weniger zu leiden gehabt hat, als Syrien und Egypten. Der arabische Dialect freilich ist dort mit verschiedenen fremden Elementen versetzt: nicht nur die kurdische Sprache, sondern wohl auch die syrischen Dialecte, welche sich in Kurdistān noch erhalten haben, sind nicht ohne Einfluss auf denselben geblieben: westlich und östlich von dem genannten Gebiete wohnen türkische Ansiedler, südlich arabische Wanderstämme. Einer später anzustellenden Untersuchung bleibe vorbehalten, die Frage zu entscheiden, ob neben diesen vielen heterogenen Einflüssen auch noch das armenische Element direct oder indirect in den Sagenstoffen, in Denk- und Ausdrucksweise der Leute jener Gegend vertreten ist. Gerade dem regen Verkehr der verschiedenartigsten Nationen mag es vielleicht beizumessen sein, dass die dort ansässige arabische Bevölkerung einen kräftigeren, ja ich möchte beinahe sagen, edleren Character in sich trägt, als die Einwohner Syriens oder Egyptens. Ueber das friedliche Verhalten der Muslimen zu den Christen, das sich in Mōṣul in einem hohen Grade von Localpatriotismus zeigt, habe ich selbst Erfahrungen gesammelt. Als ich zum Beispiel in der kurdischen Stadt Zaḥō am Chaboras meinen damaligen Diener Ḥanna, einen Chaldäer aus der unmittelbaren Nähe von Mōṣul, der türkischen Behörde ausliefern wollte, weil er mich bestohlen hatte, drängten sich sämmtliche am Orte befindliche Kaufleute aus Mōṣul an mich heran mit der Bitte, ihren L a n d s m a n n doch auf andere Weise zu bestrafen. In Syrien würde es wohl niemals einem Muslimen einfallen, zu Gunsten eines Christen zu interveniren. Abgesehen von solchen einzelnen schlechten Exemplaren wie Ḥanna, haben mir aber auch die dortigen Christen, durch ihr einfaches, bescheidenes Wesen und besonders auch durch ihre geistige Regsamkeit, einen viel angenehmeren Eindruck gemacht, als die Christen Syriens. Aehnliche Urtheile findet man bei den meisten europäischen Reisenden, welche jene Gegenden besucht haben; ich nenne hier beispielsweise bloss Southgate (Vol. I S. 264 ff.) Unter den besagten Umständen lohnt es sich ja doch um so mehr, den specifischen Charakter einer Bevölkerung näher in's Auge zu fassen, und wenn für uns Philologen nun schon die Sprache an und für sich das Mittel ist, um ein Volk kennen zu lernen, so sind: elamṯāl maṣābīḥ elakwāl »die Sprichwörter die Leuchten der Reden.« Ich möchte diesen Spruch auch noch in einem anderen und tieferen Sinne geltend machen. Gesetzt nämlich, man dürfte das orientalische Christenthum so unbedingt dem Islām gleichstellen, oder letztere

Religion sogar als der ersteren überlegen erklären, wie es gerade jetzt wieder vielfach beliebt ist, so geschieht dies, weil man beide Religionen nach ihrer dogmatischen Seite für gleichmässig erstarrt, nach ihrer ethischen Seite für auf derselben niedrigen Stufe stehend ansieht. Den Mangel an ethischem Gehalt hat Dillmann neulich dem Islâm in treffender Weise vorgeworfen [1]. Wie aber viele Völker des Orients ihre Regierung nicht »verdienen«, so sind sie auch, was das Ethos betrifft, nach meiner Meinung besser, als ihre Religion. Und dass jene Völker, seien es Muslimen oder Christen, in ethischer Beziehung nicht stumpf sind, sondern, trotzdem dass manche Verirrungen nebenher laufen, nicht Unbedeutendes geleistet haben, zeigen ihre die verschiedenartigsten Lebensverhältnisse in scharfes Licht setzenden Sprichwörter.

b. Als ich in Zāhō, wie ich oben erzählte, meinen Diener wegjagen musste, bot sich mir ein junger Mosulaner (moṣlawi) zum Factodum (ṣāniʿ) auf meiner Weiterreise an. Er hiess Jūsuf ibn Hanna eṣ-ṣabbāġ (Josef, Sohn des Färbers Hanna), und war ein trefflicher Mensch. Allerdings behandelte ich ihn nach gut orientalischer Weise mehr als meinen Gefährten, denn als meinen Diener. Die Folge dieses freundschaftlichen Verhältnisses war, dass er mich in Mārdīn, wohin wir reisten, gleich am ersten Tage mit seinen dort befindlichen Landsleuten aus Mōṣul bekannt machte. In ihrer Gesellschaft verlebte ich manche genussreiche Stunde; zugleich aber war ich bemüht, mir aus dem Munde dieser Leute Aufzeichnungen über den Dialect von Mōṣul zu machen. Von ihnen stammt der grösste Theil der Sprichwörter, welche ich in meiner Sammlung in Transcription veröffentliche, sowie ich sie damals im Caféhaus, oder bei abendlichen Zusammenkünften niedergeschrieben habe. Eine zweite Sammlung wurde mir von einem Geistlichen des (syrisch-katholischen) Klosters angefertigt, in welchem die Freunde meines Dieners wohnten. Das betreffende Heftchen wurde mir jedoch erst in den letzten Tagen meines Mardīner-Aufenthaltes übergeben, und ich konnte mir die darin enthaltenen Sprüche erst in Dijārbekr, wohin ich mich von dort begab, erklären lassen. Bekanntlich ist die Umgangssprache in Dijārbekr das Türkische, und so sehr ich mich dort auch bestrebte, über verschiedene Schwierigkeiten, die

1) Anm. Der Verfall des Islâm. Rede zur Gedächtnissfeier der Friedrich-Wilhelms-Universität zu Berlin am 3. August 1876.

das Verständniss jener Sprichwörter bot, Aufschluss zu gewinnen, so wurde mir häufig doch keine befriedigende Antwort zu Theil. Ich habe in solchen Fällen bei meiner Uebersetzung bisweilen durch ein Fragezeichen oder »So der Erklärer« angedeutet, dass ich nicht alle Schwierigkeiten für gehoben halte. — Diese beiden Sammlungen bilden den grössten Theil meines Materials. Ich habe ihnen nur eine kleine Anzahl von Sprichwörtern aus Damascus beigefügt, welche ich nach der Mittheilung einiger jungen Damascener Christen, die meinen Freund Prym und mich bisweilen am Abend zu besuchen pflegten, niedergeschrieben habe. Da meine Autoritäten etwas Französisch zu radebrechen verstanden, schrieb ich damals jeweilen ihre französische Uebersetzung bei, und führe dieselbe gelegentlich auch bei der Veröffentlichung an. Die Damascener Sprichwörter bezeichne ich durchgängig mit »Dam.« — Nur sehr wenige Sprichwörter wurden mir von einem Maroniten mitgetheilt, bei welchem Prym und ich während unsres Aufenthalts in Cairo den ersten vulgär-arabischen Unterricht genossen. Der Betreffende war lange genug in Egypten angesiedelt gewesen, um sich die egyptische Aussprache anzueignen. Da ich aber dennoch nicht wage, die während seines Unterrichts transcribirten Sprichwörter als rein im Cairenser-Dialect gesprochene aufzuführen, so habe ich sie zur Unterscheidung bloss mit »Eg.« (Egypten d. h. dort gesammelt) bezeichnet. — Wenn also die Sprichwörter nach dem eben Gesagten, durchgängig aus dem Munde von Christen gesammelt sind, so thut dies dem Werthe derselben doch wohl keinen Abbruch. Es mag ja wohl bisweilen ein geringer Unterschied zwischen der Ausdrucksweise eines Christen und eines Muslims vorhanden sein. Derselbe wird aber vorläufig bei dem jetzigen Stand unserer Kenntniss der arabischen Volksdialecte kaum von Belang sein. Haben wir ja doch von dem bedeutenden Unterschiede zwischen der Sprache der Bedū (Wanderstämme) und der der Ḥaḍari's (sesshafte Bevölkerung) erst ganz ungenügende Kenntnisse!

c) Da, wie schon bemerkt, das sprachliche Interesse bei mir vorwaltete, so schrieb ich in bunter Reihenfolge Sprichwörter, Redensarten, Volksreime u. a. nieder. Nicht nur durfte ich bei meinen Gewährsmännern nicht voraussetzen, dass sie das Wesen des Sprichworts in unserm Sinne fassten, sondern bei den Arabern ist überhaupt das Sprichwort nie in dem stricte abgeschlossenen Sinne aufgefasst worden, wie bei uns. Das arabische Wort maṯal selbst ist ja viel allgemeineren Begriffes, als unser »Sprichwort« und bedeutet überhaupt »Darstellung, Gleichniss«.

Es mag dieses Sachverhältniss als Entschuldigung dafür dienen, dass auch ich keine Scheidung zwischen Sprichwörtern und Redensarten gemacht habe. Solche abgerissene Phrasen sind überhaupt sehr schwer in eine gewisse Ordnung zu bringen, und da auch die alphabetische Anordnung (nach den Anfangsworten) im Grunde zwecklos ist, so habe ich, zwar nach verschiedenartigen Versuchen, eine Ordnung herzustellen, zuletzt doch bloss die »amṯâl« vorangestellt, sodann (N. 531 ff.) Lebensregeln folgen lassen; Wünsche und »Redensarten« im engeren Sinne aber (vgl. S. I) noch zurückbehalten. Jedoch war ich bemüht, Phrasen, welche dem Wortlaute oder dem Sinne nach einander ähnlich sind, zur Erleichterung des Verständnisses einander nahe zu rücken. Phrasen, die sehr ähnlich sind, habe ich unter eine und dieselbe Nummer gestellt; bisweilen nämlich habe ich dasselbe Sprichwort in zwei nur wenig von einander abweichenden Formen erhalten (vgl. z. B. N. 392). Auf diese Weise glaubte ich öfters längere Erläuterungen ersetzen zu können; ohnehin gebot der Mangel an Raum, letztere in der Regel möglichst kurz zu fassen. So sehr ich daher auch darauf bedacht war, zunächst den arabischen Text einfach zu übersetzen, so musste ich doch bisweilen dies in etwas freierer Weise thun, um dem Verständniss nicht durch weitschweifige Erklärungen zu Hilfe kommen zu müssen.

Wohl Jedermann, welcher Sprichwörter aus einer Sprache in eine andere übersetzt hat, weiss, wie schwierig es ist, dabei die rechte Form zu treffen. Die Prägnanz des Ausdrucks, die im Arabischen oft geradezu erstaunlich ist, lässt sich auf keine Weise wiedergeben. Aber noch mehr: Sprichwörter sind oft ihrer Natur nach allgemeineren und vieldeutigeren Sinnes; wie muss dies die Schwierigkeit der Uebertragung derselben in fremde Sprachen vermehren! Andererseits ist man öfters geneigt, zu viel Geist und Sinn in einer solchen Redensart finden zu wollen; denn oft liegt ja die »Pointe« nur in der äusseren Form, und das Sprichwort wäre ohne den Reim beinahe sinnlos [1]). Hier sei auch erwähnt, dass ich nicht geglaubt habe, einige unanständige, ja selbst für unser sittliches Gefühl anstössige Phrasen unterdrücken zu sollen; ist doch dasjenige, was ich gesammelt habe, ein Literaturproduct, wie jedes andere. Aus letzterem Grunde glaubte ich auch die Sprichwörter, welche bereits veröffentlicht sind, nicht aus meiner Sammlung ent-

1) Anm. Ich habe durch Hinzufügung eines »R.« bei der Uebersetzung jeweilen auf die Reimform aufmerksam gemacht.

fernen zu dürfen. Uebrigens sind nur sehr wenige absolut gleichlautend mit schon veröffentlichten; in diesem Falle habe ich das Citat unvermittelt daneben gestellt. Wo aber meine Version eine Abweichung bot, habe ich mit Vgl. (vergleiche) citirt; und wo die Verschiedenheit noch grösser war, habe ich »ähnlich« gesetzt. Ganz besonders bedarf es der Entschuldigung, dass ich meine Citate (mit seltenen Ausnahmefällen) nicht über den Kreis der arabischen Literatur hinaus ausgedehnt habe; meine speciellen Fachgenossen muss ich bitten, mir es nachzusehen, nicht nur, dass ich türkische und persische Sprichwörter nur ganz gelegentlich citire, sondern sogar, dass meine Citate aus arabischen Werken lückenhaft sind.

In erster Linie habe ich natürlich die von Freytag herausgegebenen Sprichwörter [1]) zur Vergleichung herangezogen, bisweilen habe ich auch auf den arabischen Text des Meidâni [2]) zurückgegriffen. Aus Egypten haben wir die treffliche Sammlung Burckhardt's [3]). Eine kleine Sammlung neuerer Sprichwörter findet sich ferner in dem gleichfalls gänzlich aus dem Buchhandel verschwundenen Buche von Ṭânṭâwi [4]). Für egyptisch-arabische Sprichwörter war schliesslich noch Bocthor [5]) zu berücksichtigen, obgleich er nur wenige Sprichwörter anführt. Ungleich reichhaltiger ist in dieser Beziehung das treffliche Buch von Berggren [6]), welches viele Sprichwörter aus Syrien enthält. Aus letzterem Lande stammt auch Burton's Sammlung Proverbia communia Syriaca [7]), sowie

---

1) Proverbia Arabum quotquot supersunt, tum a Meidanio tum ab aliis scriptoribus collecta vocalibus instruxit, latine vertit, commentario illustravit et sumtibus suis edidit G. G. Freytag Bonnae 1838—1843.

2) Gedruckt in Bûlâḳ i. J. 1284.

3) Arabische Sprüchwörter oder die Sitten und Gebräuche der neueren Aegyptier erklärt aus den zu Kairo umlaufenden Sprüchwörtern übersetzt und erläutert von Johann Ludwig Burckhardt, herausgegeben .... von William Ouseley, deutsch .... von H. G. Kirmss, Weimar 1834. Da die erste englische Ausgabe dieses Werkes (London 1830) vergriffen ist, so ist das Buch i. J. 1875 neu aufgelegt worden, und es wäre zu wünschen, dass auch die deutsche Ausgabe, welche, so viel ich höre, ganz erschöpft ist, mit einigen Verbesserungen wieder erschiene.

4) Traité de la langue arabe vulgaire par le Scheikh Muhammad Ayyad el-Tantavy Leipsic 1848. S. 110—133.

5) Dictionnaire français arabe par Ellious Bocthor, Égyptien ... revu et augmenté par A. Caussin de Perceval Paris 1828; das Buch lag mir leider nur in dieser frühen Auflage vor.

6) Guide français-arabe-vulgaire des voyageurs et des Francs en Syrie et en Egypte .... par J. Berggren, Upsal 1844.

7) Unexplored Syria, visit to the Libanus etc. by Richard F. Burton and Charles F. Tyrwhitt Drake Vol. 1, London 1872, S. 263—294.

die kleine, aber nicht uninteressante Sammlung von Neuphal[8]). Das Buch von Ibrahim Sergis[9]) enthält nur eine geringe Anzahl von Sprichwörtern, welche nicht anderen bekannten Büchern entnommen sind. Schliesslich nenne ich hier noch eine vorzügliche Sammlung türkischer Sprichwörter[10]), in welcher häufig persische, arabische, ja sogar französische Parallelen angeführt sind. Es bleibt mir noch übrig meinem Freunde H. Thorbecke, für einige Citate zu danken; ich erhielt hier von ihm die Nachweise, wo sich in Bocthor, Hezz elkuhûf (Bulak 1279 gedr.), Tausend und einer Nacht, Marcel (Vocabulaire français arabe, Paris 1837) Sprichwörter finden. – Bei der Vergleichung meiner Sprichwörter mit den Citaten wird sich meistentheils ergeben, dass die Form derselben, wie sie in dieser Schrift vorliegt, sprachlich die vulgärste ist; auch sollen meine Citate eine Vergleichung der Sprichwörter in Bezug auf die Dialecte ermöglichen.

d) Bei der Veröffentlichung des Textes standen mir zwei Wege offen: entweder musste ich sämmtliche Phrasen in Transcription oder sämmtliche in arabischem Texte geben. Auf die Transcription wollte ich unter keinen Umständen verzichten, da dieselbe gerade für die Grammatik von unbestreitbarem Nutzen ist; jedoch wagte ich es nicht, die Phrasen, welche mir bloss in arabischer Schrift vorliegen, in Transcription umzusetzen, da ich dasjenige, was ich nach meinem Gehöre mit allen Lautnüancen, die zu bezeichnen mir nothwendig schien, niedergeschrieben habe, keinenfalls mit Unsicherem vermischen zu dürfen glaubte. Um eine Einheit herzustellen, schrieb ich daher die Phrasen, welche mir bloss in Transcription vorlagen, in arabische Schrift um: Vocale setzte ich aber bloss hin und wieder den Texten bei, zu welchen sich keine Transcription vorfindet. Zur Unterscheidung habe ich die auf diese Weise von mir in arabische Buchstaben umgeschriebenen Phrasen mit Sternchen bezeichnet. Bisweilen findet sich jedoch bei einem Sprichwort kein solches Sternchen, während dennoch dasselbe in Transcription vorhanden ist: ein Zeichen, dass ich dieselbe Phrase sowohl von dem Mardiner Geistlichen in arabischen Buchstaben erhalten, also auch nach der Aussprache meiner Gewährsmänner in lateinischen Lettern transcribirt habe.

8) Guide de conversations en deux langues arabe et française par George Neuphal de Damas, Beyrout. Imprimerie catholique 1868, 527 SS. 16°, S. 455—497; 3 ed. Beyrouth 1876.
9) Ed-durrat el-jetime fil-amtâl el kadime Beirût, 1871.
10) Durûbi amsali-osmanije, zweite Auflage, Stambul 1287.

(vgl. N. 75, 375 u. a.). Hin und wieder finden sich in solchen Fällen auch kleine Differenzen zwischen Text und Transcription (vgl. N. 359); so ist N. 437 in in Egypten, N. 414 in Damascus einer von dem Mardiner Text etwas abweichende Weise transcribirt.

Bei dem Umschreiben von Phrasen in arabischen Text habe ich mir bisweilen einige Freiheiten gestattet; um dem Verständniss des Lesers zu Hilfe zu kommen, habe ich mich mehr an die classische Schreibweise gehalten. Was das Transcriptionsalphabet betrifft, so habe ich mich meist nach demjenigen der Deutschen Morgenländischen Gesellschaft gerichtet; statt des Hackens für den Laut ain habe ich jedoch einen Doppelhaken in den Text setzen lassen, um den starken Consonantenwerth dieses Lautes besser hervorzuheben. Für tsch habe ich c gesetzt. Neben der vollen Verdoppelung von Consonanten unterscheide ich eine halb hörbare Verdoppelung, besonders im Auslaut, durch übergesetzten Strich z. B. in N. 107, 114, 131, 180. — Was die Vocale betrifft, so muss ich die Auslautvocale beinahe sämmtlich für ancipites halten; jedenfalls ist es oft ausserordentlich schwer, bei denselben Länge und Kürze zu unterscheiden. Die Haken unter den Vocalen bezeichnen, wenn sie nach links offen sind, die geringe Lautbarkeit des Vocals (Šwâ mobile und compositum). Zu diesen Vocalen kürzester Dauer sind auch gewisse überhängende Vocallaute zu rechnen, welche in Fällen von Consonantenhäufung eintreten vgl. N. 395, 425, 507 u. a.

An der Schreibart des Mardiner Geistlichen glaubte ich nichts ändern zu sollen, da seine Abweichungen von der gewöhnlichen Orthographie uns in vielen Fällen über die Aussprache Aufschluss geben. Von diesem Princip ausgehend, habe ich sogar die wirklichen Fehler unverbessert gelassen. Zu den letzteren rechne ich Fälle, wie die Schreibart des Affixes der dritten Person Fem. Sing. Perf. mit nominaler Femininendung vgl. N. 75, 292, 294; Ausfall eines alif N. 520; durchgäng. Uebergang von ẓa in ḍâd; ferner die Setzung eines dreifach punctirten kâf statt kâf (N. 393), die aber um so eher zu entschuldigen ist, da nicht nur das ḳâf öfters, (wie auch beim Beduinen) den Laut eines etwas emphatisch gefärbten g annimmt, sondern selbst kâf in Mârdîn gelegentlich als g gehört wird. Eine eigenthümliche Verdoppelung eines auslautenden Zischlautes findet sich in N. 474 bei der türkischen Endung siz. Eine besondere Vorliebe legte der Schreiber für den Laut ṣâd an den Tag, und obgleich die Verwandlung des sīn in ṣâd in manchen Fällen lautlich zu begründen ist, so beweist doch die Willkür, nach welcher bisweilen auch die umgekehrte Vertauschung eintritt (vgl. N. 131, 257), dass in Fällen wie 63, 255, u. a. m. ja wohl auch bei dem häufig vorkommenden Worte ṣânnûr (Katze) an einen wirklichen Lautübergang nicht zu denken ist. Wenn ich hier näher auf die sonstigen Abweichungen der arabischen Orthographie eingehen wollte, so müsste ich eine lange Reihe sprachlicher Bemerkungen zu meiner Arbeit liefern. Ich bin jedoch genöthigt, die Lösung dieser interessanten Aufgabe auf die Zeit zu verschieben, wo das Material, welches ich über diesen Dialect gesammelt habe, gedruckt vorliegen wird und erlaube mir jetzt nur einige wenige unumgängliche Erläuterungen beizufügen.

Da die Imâle in dem Dialecte jener Gegend besonders häufig vorkommt, so sind viele â in der Schrift durch den Buchstaben jâ bezeichnet (vgl. N. 6, 14, 15 u. o.). Die Femininendung ist ebenfalls meistens statt mit hâ (welches bald punctirt, bald unpunctirt gelassen wurde) der Aussprache gemäss mit dem Buchstaben ja bezeichnet (z. B. N. 62), selbst nach vorhergehenden jâ (vgl. N. 134); doch findet sich auch huwe mit ja geschrieben. Sehr häufig ist das Alif prostheticum in der Schrift ausgedrückt (vgl. N. 131, 134, 139, 160 u. a.) Ein solches Alif findet sich auch bei dem Pronomen relativum, welches la oder el lautet (vgl. N. 44), und dessen l bisweilen sogar einem nachfolgenden Laute assimilirt wird (vgl. N. 56.) Ein prosthetisches Alif findet sich wohl mehr fehlerhaft vor ain in N. 378, 379. Das Femininsuffix der dritten Pers. Sing. ist bisweilen (mit der Aussprache übereinstimmend) bloss mit â bezeichnet vgl. N. 415, 434, sogar nach der Praeposition fî vgl. N. 451, und so auch das Masculinsuffix derselben Person häufiger mit wâw als mit hâ, ebenfalls sogar nach fî vgl. N. 410. Diese Aussprache fîju gehört speciell dem Dialecte von Mârdîn an, während der Mosulaner in solchen Fällen ein n einschiebt (fînu). Eine wahre Crux bereitet mir aber trotz dieser Analogie das Wort maṣârîni (N. 43), in welchem sich das Nominalsuffix der ersten Person Sing. mit n findet; ich habe mir keine ähnlichen Fälle dieser Art notirt. — Doch ich breche dieses Thema hier ab.

e) Was schliesslich das Aeussere der Publication betrifft, so hätte ich am liebsten den arabischen Text jeder einzelnen Phrase übergesetzt, und ich erkenne wohl, wie unbequem die Trennung für den Leser ist. Aus gewissen typographischen Gründen musste ich jedoch darauf verzichten, den arabischen Text in Tübingen drucken zu lassen, und in Folge davon kam ich auf den Gedanken, die neuen Typen, welche die Buchhandlung Brill in Leiden für den Druck des Ṭabari aus Beirût erst kürzlich bezogen hat, in Anwendung zu bringen. Man könnte an diesen Typen aussetzen, dass sie etwas klein sind; jedoch scheint es mir, dass sie immerhin den Anforderungen, welche Euting neulich in der ZDMG. B 31 S. 792 mit Recht geltend gemacht hat, besser entsprechen, als alle andern arabischen Typen, welche bisher bei uns zur Anwendung gekommen sind [1]).

1) Bei diesen neuen Typen fehlt das bē, ǵim und kāf mit drei Punkten (c, p und g), und es musste statt derselben in allen Fällen, wo dieselben vorkommen, ein gewöhnliches ǵim bē und kāf gesetzt werden; ich mache hier jedoch bloss die Fälle namhaft, wo diese Buchstaben von dem Mardiner Geistlichen angewendet wurden: N. 66, 266, 268, 296 (kaṣab!) 333, 393.

1) tazamtu tušändäl turaktu tunaddäm. *Ich forderte ihn auf, da wollte er nicht; als ich ihn aber gehen liess, da fing er an zu bereuen. Dam. Die Orig. Uebers. von* tušändäl *ist „il a refusé."*

2) *Verdünnte Dickmilch, die man kosten darf, ist besser, als unverdünnte, die man nicht versuchen darf.*

3) *Jeder, dem aufgespielt wird, fängt an zu tanzen.*

4) ma tazrif hēri lämma tęğerrib ġēri. *Du erkennst nicht, was Gutes an mir ist, bis du es mit einem andern versucht hast. R. — Vgl. Berggren u. Lander.*

5) *Die grosse Schüssel kann die kleine fassen. — Vgl. Burton N. 181.*

6) *Wer darf zum Löwen sagen: „Dein Mund stinkt."* *In anderer Form:* essābza lā tękulhu tūmmak ģejjif. — *Aehnlich* Tanṭāwi *S. 129 Z. 17 des ar. Textes.*

7) *Aus Hundeschwänzen kann man kein Fett gewinnen. — Vgl. Prov. B. 2 S. 210 Cap. 20, 33.*

8) *Isst man das Fleisch von Katzen, auch wenn sie fett geworden sind?*

9) *Würde sich der Wolf vor den Schildkröten fürchten, so hätte man ihm einen Pelz aus Packtuch gemacht (d. h. so würde man Mitleid mit ihm haben). R.*

10) *Lass dich nicht mit einem Hunde zusammen in einen Sack stecken, (denn er beisst dich in die Waden). — Vgl. türkisch* Durub *S. 260 u. Z.*

11) jękidd abu kläš ujäkul abu čäsma. *Der mit den groben Sandalen (der Kurde) müht sich ab, und der mit den Stiefeln (der Aġa) geniesst. —* kläš *sind gewobene Stiefel mit eisenbeschlagenen Sohlen. Ich hätte wohl* čäzma *hören sollen.*

12) *Der Esel müht sich ab, während die Stute reichlich genährt wird. — Aehnlich Prov. Bd. 3 S. 287 N. 1723.*

13) nēs teduk unēs tekūl höb. *Einige arbeiten sich ab (eig. stampfen) und andere machen bloss Lärm dazu.*

14) *Wenn die Katze still auf der Lauer ist, so erjagt sie ein fettes Stück.*

15) *Wenn die Moschee einfällt, so kommt ihre Gebetnische zum Vorschein (dann sieht man erst, wie sie innen aussieht).*

16) *Was zum Munde herauskommt, kommt auch aus dem Herzen.*

17) *Unter einem Stein wächst kein Gras.*

18) *Der Gassenhund verscheucht sich die Fliegen nicht (sondern lässt Alles über sich ergehen).*

19) baɜ elbajjaɜ winházäm älmüsteri. *Der Verkäufer hat seine Waare verkauft, aber der Käufer hat Reissaus genommen.*

20) ɜēšir elmukbil tukbil uɜēšir elmudbil tüdbil. *Wenn du mit dem, der Glück hat, umgehst, wirst du Glück haben, und wenn du mit dem, der Unglück hat, umgehst, wirst du Unglück haben. R.*

21) elfaras min hajjāla. *Es hängt von dem Reiter ab, ob das Pferd gut läuft.*

22) ida saffak läk bällüllü. *Wenn er dir klatscht, so jauchze ihm zu. So die Erkl. Es ist jedoch nicht vom Beifallklatschen die Rede, sondern vom Zusammenschlagen der Hände beim Spiel und Tanz* (fantasīja).

23) šämmat elwäd ušämmar elɜöǵel. *Er riess den Pflock aus und liess das Kalb laufen. Er richtete Bosheiten an. Wenn der Pflock, an welchen das Kalb angebunden ist, ausgerissen wird, geht es an's Euter, was verhindert werden sollte.*

24) eddīk kāl jā mäṭwäl zibbi, eǵǵaḥeš kāl baka āna isküt. *Der Hahn sprach: „O wie lange ist meine Ruthe"; da sagte der Esel: „dann muss ich schweigen."*

25) šūf eǵǵāhra wudrub essatra. *Sieh erst auf das Gesicht, bevor du Jemand eine Ohrfeige giebst. R.*

26) *Guck erst das Schaf an, ehe du es melkst.*

27) šē elmā adōku, ḥalli jiǵi ɜasker ujesōku. *Etwas, was ich nicht geniessen kann, mögen meinetwegen die Soldaten holen. R.*

28) lā tekāwum minhū akbar minnak. *Greife Niemand an, der grösser (vornehmer) ist als du.*

29) ɜāšir ṣāḥibak sene ubaɜd essene ǵerribu. *Geh mit deinem Nächsten erst ein Jahr um, dann prüfe ihn.*

30) mā ḥad jiṭɜi merzību jōm elmaṭar. *Am Regentage leiht Niemand seine Dachröhre aus.*

31) nahyn nesauwid ulbwäsna unglugud ghwas ennäs. *Sollen wir unsere Kleider abmachen lassen und andern Leuten die Kleider reinigen?*

32) *Der Bauern stirbt nicht, so sehr auch alle Länder ihn verfluchen. Der Bauern, auch „Jerwer" gen., ist ein giftiges Thier, wie eine Schlange und wohnt in Löchern; er stirbt, wenn er einen Menschen beisst, der vorher Wasser getrunken hat; wenn das Thier vorher getrunken hat, so stirbt der Mensch. So die Lkl.*

33) *Die Katzen sterben nicht daran, dass die Hunde sie verfluchen.*

34) *Wird eine Feige vor der andern reif? (Nein).*

35) *Vom Zerschneiden der Melone wird der Mund nicht gekühlt.*

36) *Wenn das Huhn auf die Ente sieht (d. h. ebenso grosse Eier legen will, wie diese) so zerspringt es.*

37) *Die Maulthiere geriethen in Streit miteinander, und die Esel bekamen die Fusstritte.*

38) *Als Ǵoha Richter wurde, war sein erstes Geschäft, seine Mutter zu überführen. Von einem Uebereifrigen. – Die Anekdoten von Ǵohā sind eine arabische Bearbeitung der türkischen Schwänke Nasreddīn's.*

39) *Könnt ihr zwei Hengste an eine Halfter binden?*

40) *Wenn ich mich vom Boden wieder erhoben habe, so gieb Acht, was ich thun werde. So droht der Ueberlegene, Hilflose dem Sieger.*

41) *Er gieng als Lanzenspitze fort, und kam als Scheermesser zurück (ärger als vorher).*

42) *Gott möge dem Dorfe helfen, das von einem Knaben regiert wird. R.*

43) *Man fragte ihn: „Was hast du im Hause deines Feindes zu thun?" Er antwortete: „Ich habe mein Geld bei ihm liegen."*

44) *Wenn das Dörfchen vor Augen liegt, braucht man keinen Wegweiser.* (kalauz *türk., Or. Glosse* »delīl«).

45) elzēn tihtiši min elzēn. *Das eine Auge scheut sich vor dem andern. Eg. Unter dem zweiten Auge ist das „böse Auge", in welchem ein Zauber liegt, zu verstehen.*

46) eljišak eššak jikdur zala sädda. *Der, welcher einen Spalt macht, kann ihn auch wieder verstopfen.*

47) lā min jẹduḳ elbismār lākin min jẹpārcinu. *Nicht der, welcher den Nagel einschlägt, sondern der, welcher ihn plattdrückt, (ist der Meister).*

48) ḳass elbeit mā jẹrīd lu bārig mōr. *Dem Geistlichen, der im Hause wohnt, braucht man nicht „der Herr segne dich" zu sagen.*

49) eš ḥjiḥra jeṣibbūnlu. *Was er auch von sich giebt, giesst man ihm wieder ein.*

50) ʿāl eḥübbak jā rasūl allāh, lākin min ʾalbi laʾalbak sāʾī. *Er sagte: Beim Profeten, ich liebe dich, aber zwischen meinem und deinem Herzen ist eine Wasserrinne* (sāḳije). *Dam.*

51) ʾāl ęḥübbak jā swāri lākin mū ʿad zindi. *Ich habe dich gern o mein Armband, aber doch nicht so gern, wie mein Handgelenk; (dieses ist mir noch lieber, als der Schmuck).*

52) saɜādet elmara ḥara. *Was die Frau besitzt, nützt dem Manne nichts. R. Eg.*

53) ḥubẹzna ḥanṭa uḥubezkum ḥanṭa. *Unser Brot besteht aus Weizen, und euer Brot besteht aus Weizen. Ihr braucht euch nicht zu überheben. Dam.*

54) *Deinen Sack legst du noch zu der Last, die er schon hat.*

55) *Der welcher uns schützen sollte, beraubt uns.*

56) leḥīt eṭṭālet mā jẹdarrẹṭūle. *Einen Mann, dessen Bart lang geworden, verhöhnt man nicht mehr, (bekümmert sich aber auch nicht mehr um ihn). Das* le *am Schlusse denke ich mir aus* la = lahū *entstanden.*

57) ṭāf elḳadaḥ bilūmɜīn. *Der Becher ist um die Quelle herumgegangen, (ist jedoch nie voll geworden).*

58) *Wäre es mein Sohn, so wäre er blind. So spricht Jemand, der immer Unglück hat, und Andere um ihr Glück beneidet.*

59) ḥarāmi tūmbāḳ ɜaṣātū. *Kann man einem Dieb seinen Stock stehlen?*

60) *Die Nase kann nicht aus dem Gesicht herausgeschnitten werden (weil sie ein wesentlicher Theil desselben ist).*

61) niǵme bitʾullak stōr ɜalāi ḥatta istur ɜalaik. *Der Stern sagt zu dir: Rede nicht von mir, damit ich über dich nicht rede. Wenn man eine Sternschnuppe sieht, darf man nicht sagen: „Sieh, sieh!" Denn Niemand wünscht, dass von seinen Angelegenheiten viel gesprochen werde. Dam.*

62) *Wir haben die Eingeweide dem Wolf am Halse aufgehängt (er kann sie auf diese Weise nicht fressen).* ḳaṣabi = müɜlāḳ.

63) *Die Leute, welche eine Eselin im Hause haben, verlangen von denen, bei welchen bloss eine Schwalbe zu finden, eine Packtasche.*

64) *Die Leute, welche eine Kuh im Hause haben, verlangen, dass ihre Eselin Dickmilch geben solle.*

65) *Die eine Mutter müht sich ab für sieben Kinder; die andere gelangt durch ein einziges Kind zu Ansehen. R.*

66) *Was ist die Mühle werth, wenn das Rad fort ist?*

67) *Wir haben keine Schafe beim Schäfer, und daher keine Abrechnung mit dem Hirten (wir sind arm, haben aber dafür auch desto weniger Sorgen).*

68) *Lieber Steine tragen mit einem Verständigen, als Wein trinken mit einem Schurken. R.*

69) *Besser Steine tragen, als einen schlechten Handel treiben. R.*

70) *Wer Milch besitzt, erhält Milch, und wer Wasser besitzt, erhält Wasser. (Wer da hat, dem wird gegeben).*

71) *Wenn die Katze sich erhebt, laufen die Mäuse auseinander.*

72) *Die Leere giebt dem nicht warm, der sie anzieht (?). Man sagt* hallēt essūmʒa ʒalʒērtje, *wenn ich sie ohne Unterlage hinstelle, in die Luft stelle, so dass sie fällt.*

73) *Kann sich ein Schakal mit einem Elephanten messen?*

74) *Das Land, auf welches Regen gefallen ist, verkündet es seinem Nachbar. (Der eine Bettler sagt es dem andern, wo ein Almosen zu erwarten ist).*

75) kāma mäšmäšlak tauwiṭlu. *Gieb ihm Maulbeeren von der Qualität, wie er dir Apricosen giebt.*

76) *Er findet unter jedem Haar einen Teufel. (Er spürt überall Böses auf).*

77) šāl ismu sāmmāna urafaʒ gillu gaṭṭāna. *Er nahm seinen Namen und benannte uns damit, er hob seine Decke auf und deckte uns damit. R. (Der Schlechte will andere zu Mitschuldigen machen).*

78) mā jikfa hūwa teʒallām, rāḥ jeʒallim ummu. *Es genügte ihm nicht, dass er es lernte, er ging es auch seine Mutter lehren.*

79) *Wer die Speise nicht kosten darf, dem nützt es auch nichts, wenn er daran riecht.*

80) elhuššāfe tiḍḥak ʒalleglog. *Die Schwalbe lacht über den Storch (weil sie geborgen sitzt, während der Storch der Witterung ausgesetzt ist).*

81) elladi bkalbu meselle tesillu. *Wenn einer in seinem Herzen eine Packnadel hat, so durchsticht sie ihn. (Wer voll von Bosheit ist, den bringt sie zu Falle.)*

82) ákoš ṭēr besūma jẹsīḥ kül ǵins bẹǵinsu. *Es giebt viele Vögel am Himmel, aber jede Art pfeift nach ihrer Art.*

83) huḏi min īdu wulṭúši bilḥā'iṭ. *Nimm es ihm aus der Hand und schmeiss es an die Mauer. Vgl. 84.*

84) *Wenn Jemand dir auf die Hand spuckt, so wische sie an seinem Gesicht ab. — Vgl. Neuphal S. 488.*

85) *Deine Zunge ist wie dein Pferd, hältst du sie eingeschlossen, so hütet sie dich, lässest du sie frei, so betrügt sie dich. R. — Vgl. Berggren u. langue.*

86) mā ḥad jẹkūl lübäni ḥamuḍ. *Niemand gesteht ein: meine Milch ist sauer. — Vgl. Durūb S. 259.*

87) ǵebel maʒ ǵebel mā jiltaki, ādami maʒ ādami jiltaki. *Berge und Berge begegnen sich nicht, aber Menschen mit Menschen. — Vgl. Durūb p. 21.*

88) *Die Kerze leuchtet den Menschen, aber ihren untern Theil erleuchtet sie nicht. So ist hier nach den entsprechenden türkischen und persischen Sprichwörtern (Durūb S. 288)* ʒukḥ *zu fassen. Sinn: Man findet oft bei vortrefflichen Leuten Eigenschaften, die im Widerspruch mit ihrem sonstigen Charakter stehen.*

89) *Es giebt keine Rosine ohne ein Stengelchen. — Vgl. Berggren u. raisin; dem Sinne nach auch Neuphal S. 482.*

90) *Kein Fleisch ohne Knochen.*

91) *Ein Fass Honig, aber ein Tropfen Gift darin. — Aehnlich Proc. B. 3 S. 419 N. 2508.*

92) *Jedes Holzstück enthält einen ihm eigenthümlichen Rauch. — So nach Proc. B. 3 S. 449 N. 2698. Es könnte aber auch bedeuten, dass jedes Holz Rauch enthält, im Sinne der vorhergehenden Sprichwörter.*

93) *Er war weggegangen, und wir waren von seinem Dienste befreit; da kam er zurück und brachte Maḥmūd und Ǵillo noch mit. R. — Aehnlich Burckhardt N. 5.*

94) *Er starb als ein Hund und befreite uns von seinem Dienste, aber er hinterliess einen jungen Hund, der schlimmer war, als sein Vater. R.*

95) ǵāb ʒannina fafrūḥnā ǵāna atkal minnu. *Er gieng weg von uns, da freuten wir uns; darauf kam ein anderer, der war schlimmer, als er.*

96) *Die krumme Furche kommt von dem grossen Ochsen. (Der Fehler kommt von dem Vornehmen.)* — *Prov. B. 3 S. 133 N. 799; Burton N. 71; Berggren u. sillon.*

97) min killet errigāl šāmmō eddīk abul-kāsem. *Wenn es wenig rechte Leute giebt, benennt man den Hahn* Abul-kasim. — *Vgl. Berggren u. manque.*

98) min killet ellaḥem jesämmōn elmōzlak ḥasb allah. *Wenn wenig Fleisch da ist, so nennt man die Kutteln gutes Futter.*

99) *Da so wenig Menschen da waren, schlossen wir Brüderschaft mit dem Affen. R.*

100) *Aus Mangel an Pferden haben wir den Hunden Sattel aufgelegt.*

101) kannak serǵ ɜala baḳara. *Du bist wie ein Sattel auf einer Kuh. (passt nicht).*

102) *Deine Liebe ist deine Last.*

103) kul šāi ɜand elɜaṭṭar fī. amma ḥōbbui gaṣ́gh mafī. *Alles kann man beim Krämer kaufen, nur Liebe wider Willen nicht. Dam.* — *Berggren u. amour und drogue; Burton N. 152; ähnlich* Ṭanṭawi *S. 127 Z. 6 d. ar. T.*

104) ʿal ḥōbbeni waḥōdlak mändīl ʿal elmeḥabbe ma biddā barṭīl. *Er sagte: „Lieb mich und nimm dieses Tuch zum Geschenk.“ Da antwortete sie: „Liebe will keine Bestechung.“ R. Dam.*

105) ḥabībi-ḥōbbū lau kān ɜabd iswād. *Meinen Liebhaber liebe ich, auch wenn er ein schwarzer Sclave wäre. Dam.* — *Vgl. Burton N. 131; Burckhardt N. 227;* Ṭanṭāwi *S. 121 Z. 16 d. a. T.*

106) min karam ḥalō karamithu-nnās, wamin ɜamal ḥālo zebale baḥtarēthu -ljāǵ. *Wer sich selbst in Ehren hält, den halten die Menschen in Ehren; wer sich aber zu Mist macht, den scharren die Hühner. R. Dam.* — *Zu baḥtar vgl. Burckhardt S. 234.* — *Zum Sprichwort vgl.* Ṭanṭāwi *S. 131 Z. 4 d. a. T.; Burckhardt N. 636; Prov. B. 2 S. 723 Cap. 24, 461. 465; ebds. S. 743 Cap. 24, 611.*

107) rükkabnānu ḥālna, mädd īdu bilhurǵ. *Wir gaben ihm unsern Essig zu tragen, da steckte er seine Hand in unsre Reisetasche.* — *Vgl. Berggren u. boiteux.*

108) raḥ jiḥṭuba, ṭezauwäǵ bīha. *Als Brautwerber wurde er hingeschickt, statt dessen heirathete er sie.* — *Vgl. Burckhardt N. 304; Durra N. 84; Prov. B. 3 S. 535 N. 3213.*

109) *Wenn Jemand dir einen guten Rath gegeben hat, so betrüge du ihn nicht.*

110) män ammänak lā tĕhunu walau kunt ḥawwān. *Wer dir Vertrauen entgegenbringt, den betrüge nicht, auch wenn du sonst ein Betrüger wärest. — Burton N. 146; unvollständig Prov. B. 3 S. 19 N. 110; Berggren u. tromper.*

111) dakket elustād bālf. *Ein Schlag, den der Meister führt, ist tausend werth.* — Ṭanṭawi *S. 122 Z. 9 d. a. T.; Berggren u. coup; Prov. B. 3, S. 156, N. 945 (?) unvollständig. Das vollständige Sprichwort hörte ich im Colleg von Wetzstein; es folgt nämlich noch:* walau šelelha šelef *d. h. wenn er auch nur so oben hinschlägt.*

112) hām sakkā uhām cōhadār. *Zugleich Wasserträger und Polizeidiener. Niemand kann zwei unverträgliche Gewerbe betreiben. (Vgl. Burckhardt N. 230). Das Geschäft des Wasserträgers ist eines der niedrigsten.* cōḥā *ist der Stab des Officianten vgl. Kuroglu Pop. P. of Persia S. 92. Berggren u. Djouqadār.*

113) *Der Gruss führt Unterhaltung, die Unterhaltung die Melone herbei (wenn man beim Melonenfeld vorbeigeht).* — Ṭanṭāwi *S. 124 Z. 5. d. 8. T.; Prov. B. 3 S. 235 N. 1406. Unvollständig Durāb S. 279.*

114) mā jeḥuk laḥmak illa ḍufrak. *Nur dein eigener Nagel thut dir beim Kratzen der Haut wohl. So spricht man, indem man die Aufforderung zur Hilfeleistung abschlägt. Dam. — Vgl. Prov. B. 2 S. 602 Cap. 24, 39; B. 3 S. 42 N. 237; ib. S. 108 N. 652, 653; Burton N. 139.*

115) rōzāna la-iğīk minna hawa, sidda bhara. *Wenn durch ein Fenster Zugluft hereinkommt, so verstopfe es mit Dreck. R. — Prov. B. 3 S. 307 N. 1842.* — eṭṭā'a éllati tĕğīk minh-hawa šlāḥ ʿawā'i' usidda. *Wenn durch ein Fenster der Wind auf dich herein bläst, so ziehe einige Kleider aus, und verstopfe das Loch damit. Dam.*

116) ālladi mā lū ʿatī' mā jāḥsar ʿala ğĕdīd. *Wer nichts Altes besitzt, seufzt nicht über das Neue. Dam. — Vielleicht ist Prov. B. 2 S. 520 Cap. 25, 372 (vgl. auch Prov. Bd. 3 S. 318, N. 1920) ähnlich zu fassen.*

117) ḥōd elaṣīl lau kān ʿal ḥaṣīr. *Heirathe einen Mann von edler Abkunft, wenn er auch nichts als eine Strohmatte besässe. R. Dam. — Burton N. 103. Heirathe u. s. w., wenn du auch die Nacht auf einer Strohmatte zubringen müsstest. R. Der Rath könnte auch an den Mann gerichtet sein.*

118) *Gieb dem Munde (z. B. des Richters) etwas zu essen, damit sich das Auge schäme. — Burckhardt N. 95; Berggren u. bouche.*

119) *Jedes Gefäss schwitzt aus, was es enthält.* Vgl. Burton N. 57. Tantāwi S. 128 Z. 4 d. a. T.; *Berthor u.* [illegible]; *Berggren u.* [illegible], *Prov. B. 3 S. 12 N. 63.*

120) ǧāmūs mäko bilbeled halękrün min-n? *Wenn* [illegible] *giebt's nicht im Dorfe, woher diese Hörner? So spricht man, wenn man sich über das Vorkommen einer schlimmen Sache wundert. — Vgl. Burckhardt N. 811.*

121) alū zan'ūd mezalla bilhawa üllali ma jęnalu [illegible] hada ḥamed [illegible]-stawa. *Man sagte: Hier hängt eine Traube; wer sie nicht erreichen kann, sagt: sie ist sauer und unreif. R. Dam.* — elmi jiul elzankūd jękūl ja [illegible]. *Wenn einer die Traube nicht erreichen kann, so sagt er: O wie sauer ist sie. Vgl. Burckhardt N. 651; Berggren u. grappe.*

122) *Er wollte ihr die Augen öffnen, aber er riss sie ihr aus.*

123) gā jękaḥḥila u'māha. *Er wollte ihr Augensalbe einreiben, da machte er sie blind. Prov. B. 3 S. 84 N. 496;* Tanṭawi *S. 121 Z. 3 d. a. T. Besonders auch von der Lampe.*

124) *Anstatt dass du die Katze scheuchst, reiss ihr ein Auge aus!*

125) będal mā tękülla pśt ikṣir rigla. *Anstatt dass du die Katze wegscheuchst, brich ihr das Bein! — Vgl. Burton N. 21.*

126) maut elḥamīr zūre lilkilab. *Wenn die Esel sterben, haben die Hunde einen Freudenschmaus. — Prov. B. 3 S. 501 N. 3007, vgl. B. 2 S. 728, Cap. 24. 505.*

127) eljōm aṣṭīni ṣūf ugada hūdlak ḫāruf. *Gieb mir heute Wolle! so kriegst du morgen ein Lamm. R. So reden Leute, die in Noth sind und borgen müssen. — Burckhardt S. 697, meint, es sei von Geschenken die Rede. Vgl. auch Berggren u. laine.*

128) *Wer dir die Beschimpfung zuträgt, beschimpft dich. — Vgl. Prov. B. 2 S. 692 Cap. 24, 341; B. 1 S. 625 Cap. 12. 67;* Tanṭāwi *S. 130 Z. 3 d. a. T.; Prov. B. 3 S. 127 N. 759.*

129) *Jeder will das Feuer für sein Backwerk haben. Vgl. Prov. B. 2 S. 353 Cap. 22. 109; Prov. B. 3 S. 444 N. 2668.*

130) kūl dakęn lehu mūšeṭ. *Für jeden Backenbart giebt's einen Kamm. — Bei Berggren u. barbe ist* dakęn *als fem. behandelt.*

131) *Jedes Zimmer hat seinen Miethpreis, und für jeden Bart giebt es ein*

Scheere. — *Vgl. Berggren u. logis.* — kūl leḥi leha-mkaš. *Für jeden Bart giebt es eine Scheere.*

132) *Die Wände haben Ohren.* — *Boethor u. mur*; Ṭanṭāwi *S. 113 Z. 5 d. a. T.*; *Prov. B. 1 S. 136 Cap. 1, 127*; *Burckhardt N. 92*; *ausführlicher, aber doch vielleicht erst secundär weiter ausgeführt: Prov. B. 3 S. 458 N. 2760*; *Berggren u. mur.*

133) la taṭ3īm el3abd elkrā3 fajiṭma3 bedrā3. *Gieb dem Sclaven keinen Schafsfuss zu essen, sonst will er das ganze Bein haben. R.* — *Vgl. Prov. B. 3 S. 339 N. 2040, vgl. 2037*; *ähnlich Burckhardt N. 37*; *Prov. B. 1 S. 339, Cap. 5, 213 = Boethor u. esclave.*

134) *Die Schlange bringt eine kleine Schlange zur Welt.* — *Vgl. Prov. B. 2 S. 582 Cap. 23, 625*; *Burckhardt N. 599*; *Prov. B. 3 S. 546 N. 3281*; *viell. auch wie* Ṭanṭāwi *S. 129 Z. 8 d. a. T. zu verstehen.*

135) erriğāl ṣanādīķ muķaflala. *Die Männer sind wie verschlossene Kisten, (d. h. man muss sie erst erproben.)* — *Vollständiger Prov. B. 3 S. 257 N. 1512*; *Boethor u. épreuve*; *Neuphal S. 465.*

136) *Heute ein Huhn ist besser, als morgen eine Ziege.*

137) *Heute ein Ei ist besser, als morgen ein Huhn.*

138) bēḍat iljōm wala farḥit bukra. *Heute ein Ei ist besser, als morgen ein Küchlein.* — *Prov. B. 3 S. 46 N. 266*; *vgl. auch Neuphal S. 476*; *Burckhardt N. 3*; *Prov. B. 3 S. 336 N. 2029.*

139) *Wie passt ein Esel und Ingwerwurzeln zusammen?* — *Vgl. Prov. B. 3 S. 331 N. 1991*; *Berggren u. gingembre.*

140) jedd-il ma tiķdar tę3aḍḍa būsa uḥuṭṭa 3ala rāsak. *Die Hand, die du nicht beissen kannst, küsse und lege sie auf deinen Kopf!* — *Unvollständig Prov. B. 3 S. 550 N. 3307*; *Berggren u. baiser*, Ṭanṭāwi *S. 112 Z. 2 d. a. T.*; *vgl. Burton N. 74*; *Vullers lex. pers. S. 862, Col. 2, Z. 5.*

141) eš ṭabaḥ jākul. *Was er gekocht hat, muss er essen.* — ällaḏi tiṭbaḥ minnu tākil minnu. *Du musst von dem essen, was du kochst. Dam.* — *Vgl. Burckhardt N. 640*; *Berggren u. cuire.*

142) *Alles, was du in die Pfanne thust, kommt auf den Kochlöffel.* — *Vgl. Berggren u. cuiller*; *Burckhardt N. 44.*

143) ḫalli ennār jākul ḥaṭab. *Lass das Feuer Holz fressen (lass doch die Leute streiten! was geht es dich an?).*

144) halli essemek jākul semek wulrafṣ jẹmut min elǵōʒ. *Lass doch die Fische Fische fressen und die Schildkröte (?) vor Hunger sterben! (Was geht es dich an?)*

145) *Ihr fresst einander, wie die Fische (thun).* *Vgl. Tausend und eine Nacht, hsg. von Habicht B. 2 S. 68 Z. 10;* Durub *S. 109.*

146) *Er schlug mich, dann fieng er an zu weinen und gieng früher, als ich es konnte, hin, um eine Klage zu erheben. R.* *Vgl. Prov. B. 3 S. 406 N. 2421; Burckhardt N. 385; Berggren u. pleurer. Aehnlich Prov. B. 2 S. 922 Cap. 28, 64.*

147) *Stosse den Betrunkenen nicht! er fällt von selbst. — Vgl. Berggren u. ivre.*

148) *Wir flohen vor dem Regen, da geriethen wir unter die Dachrinne. Statt* merzib *sagt man auch* hamsara *Hagel. — Vgl. Burckhardt N. 474;* Tantawi *S. 126 Z. 5 d. u. T.; Neuphal S. 492; Berggren u. gouttière; Prov. B. 2 S. 236 Cap. 20, 112;* Durub *S. 311. Eine andere sehr häufige Form dieses Sprichworts lautet (im Arab. reimend): Er floh vor dem Bären, da fiel er in die Cisterne. Berggren u. ours; Bocthor u. tomber; Proc. B. 3 S. 387 N. 2315; ebds. S. 526 N. 3165.*

149) *Wenn der Wegweiser blind ist, wie wird es dem Sehenden ergehen? — Aehnlich Prov. B. 2 S. 303 Cap. 21, 173; Bocthor u.* s'égarer; *Neuphal S. 150; Burckhardt N. 524.*

150) orkab eddīk uṣūf lelēn biwoddīk. *Dam.* — irkāb eddīk wundur ila ēn jẹwaddīk. *Setze dich auf den Hahn und sieh zu, wohin er dich führen wird! Zu Jemand, der einen falschen Weg einschlagen, falsche Mittel ergreifen will. — Berggren u. coq; Burton N. 22.*

151) *Wenn der Wegweiser ein Rabe ist, so führt er die Leute zur Ruine. R. — Vgl. Prov. B. 3 S. 466 N. 2807; Burckhardt S. 241.*

152) ilḥaʾ albūm jẹdullak zal-harāb. *Laufe der Eule nach, sie wird dich zu einer Ruine führen. Dam. — Vgl. Berggren u. chouette; Burckhardt N. 65; Hezz elkuḥūf S. 159 Z. 1.*

153) jā ǵāri ānt biḥālak wana biḥāli. *O Nachbar, sorge für deine Angelegenheiten! und ich will für die meinen sorgen. Dam. — Berggren u. votre; Prov. B. 3 S. 81 N. 172.*

154) min iṣtāha elḥafīrat (!) li aḫīhi jūʾaz fīha. *Wer seinem Nächsten an-*

wünscht, er möge in die Grube fallen, fällt selbst hinein. Dam. — Grabe nicht eine Grube für einen andern, damit du nicht selbst hineinfällst! — Vgl. Prov. B. 2 S. 658 Cap. 21, 256; B. 3 S. 105 N. 638 (Varianten); Tanṭâwi *S. 131 Z. 8 d. a. T.; Neuphal S. 489; Durûb S. 42.*

155) *Arbeite, wäre es auch nur, um einen Pfennig zu gewinnen, und ziehe den Müssiggänger zur Rechenschaft! — Ich kann mich nicht in Burckhardt's (N. 55) Uebersetzung finden; Berggren u. oisif übersetzt „et faites le compte des oisifs."*

156) *Wähle dir den Reisebegleiter und dann erst den Weg! — Prov. B. 1 S. 553 Cap. 10, 90.*

157) *Wähle den Nachbarn, bevor du in ein Haus ziehst! — Prov. B. 1 S. 303 Cap. 5, 88; Berggren u. maison. Mit dem vorhergehenden zusammengestellt Neuphal S. 157; Berggren u. voisin; Boethor u. compagnon, voisin.*

158) *Der Jäger erhitzt sich, während sich der Vogel (gemüthlich) die Federn putzt. R. — Prov. B. 3 S. 337 N. 2031; Berggren u. chasse; Burckhardt N. 76.*

159) mâ kulle marre tislam elġarre. *Nicht jedesmal kommt der Krug unverletzt (vom Brunnen) zurück. R. — Prov. B. 3 S. 449 N. 2701; Boethor u. cruche; Berggren u. jarre.*

160) *Pfui über das Feuer, dass es Asche zurücklässt. — Vgl.* Tanṭâwi *S. 119.*

161) ta3mel melīḥ tilkâ ḳabīḥ ta3mel ḥēr tilkâ šeř. *Wenn du Gutes thust, wirst du Böses ernten. R. — Dem Sinne nach ähnlich Boethor u. craindre = Durûb S. 70.*

162) *Mache ein Loch in den Wasserschlauch und schlage den Wasserträger! Thue nichts Gutes! so wird's auch dir nicht böse gehen. — Vgl. zum zweiten Theile Berggren u. bien; Burckhardt N. 241;* Tanṭâwi *S. 122 Z. 7 d. a. T.*

163) *Willst du Trauben essen oder den Aufseher schlagen? Vgl. N. 164. — Prov. B. 3 S. 207 N. 1236.*

164) *Er wurde nicht Meister über das Maulthier, da begann er den Treiber (eig. Vermiether) zu schlagen.*

165) elmâ jeṭīḳ 3al bärgīl ješūḳ elġâwi. *Wenn der Wasserkäufer seinen Gaul mit allen Mitteln nicht von der Stelle bringen kann, zerreisst er den Wasserschlauch.*

166) *Er kann dem Kamel nicht beikommen, daher schlägt er den Kameltreiber. Z. B. von einem Diebe gesagt.*

167) göhęr elma tęgäzil etękesser elmagäzil. *Wer keinen Fleiss beim Spinnen hat, zerbricht die Spindeln. R.*

168) *Wir lehrten ihn das Betteln, nun geht er an den Thüren vornehmer Leute anklopfen. — Besser* Tanṭawi *S. 125 Z. 11 v. u.; Burckhardt N. 133 „da lief er uns den Rang ab u. s. w.“*

169) *Jedes Ding liebt etwas von seiner Gattung. — Aehnlich Prov. B. 3 S. 76 N. 440, 1 — Durūb S. 126; Hezz elkuḥūf S. 112 Z. 7: „Gleiches wird von Gleichem angezogen.“*

170) *Wir lobten den Molla, da verunreinigte er die Moschee. — Dem Sinne nach ähnlich Burckhardt N. 345; Berggren u. chat. Auch das Sprichwort, welches Wetzstein zu Delitzsch Psalmen S. 388 veröffentlicht hat, ist ähnlich: Die Schwalbe lobt Gott, verunreinigt aber die Moscheen.*

171) *Wenn die Maus in ihrem Loch nicht Platz hat, so bindet sie sich einen Besen an den Schwanz (und erweitert dasselbe). — Vgl. Berggren u. souris, wo vielleicht* »garret« *zu lesen wäre. Einen ganz anderen Sinn hat das sonst ähnliche Sprichwort Burckhardt N. 469.*

172) *Derjenige, welcher von einer Schlange gebissen worden ist, fürchtet sich vor einem heissen Strick.* jibzaɜ dialectisch für jifzaɜ. — *Vgl. Prov. B. 3 S. 475 N. 2855 (Chalaf elahmar S. 75);* Tanṭawi *S. 116 Z. 4 d. a. T.; Bocthor u. chat; Neuphal S. 488; Prov. B. 2 S. 702 Cap. 24, 383.*

173) męgarbel ennās naḥalūhu. *Wer die Leute siebt, den machen sie zu Kleie. Vgl.* Meidani *Cair. Ausgabe B. 2 S. 232 Z. 1; Prov. B. 2 S. 709 Cap. 24, 407;* Muḥīṭ u. grbl: *Bocthor u. éplucher; Neuphal S. 488: „à beau jeu beau retour.“*

174) jęwaddīk ɜaṣṣaṭ jęgībek ɜaṭšān. *Er führt dich an den Fluss, bringt dich aber durstig zurück. — Vgl. Prov. B. 3 S. 201 N. 1206, 1207; Burkhardt N. 719.*

175) *Du bist zu uns gekommen gerade wie der Esel des Walkers, der zur Quelle gieng und durstig zurückkehrte (du hast die Gelegenheit verpasst).*

176) tęšarāk sännūr ufāra ɜala ḥarāb elkuwāra. *Katze und Maus (Freund und Feind) haben sich verbunden, um den Getreidetrog zu zerstören. R. — Vgl. Prov. B. 1 S. 141 Cap. 1, 435; Berggren u. chat; Neuphal S. 464.*

177) *Wir schlugen das Wasser, aber es kam nichts dabei heraus (das Wasser blieb Wasser). — Vgl. Burton N. 157; Berggren u. eau.*

178) ṭabl ma jinda' taḥt ibsāṭ. *Man darf die Trommel nicht unter einem Teppich schlagen (wenn man gehört werden will). Dam. — Berggren u. tambour; Prov. B. 3 S. 296 N. 1778; anders Burckhardt N. 700.*

179) min ɛāšar elgōm arbaɛīn jōm ṣār minnum. *Wer vierzig Tage mit den Feinden umgeht, gehört zu ihnen. Ich möchte am liebsten nach der Orig.Glosse dem Worte gōm die Bedeutung Feind geben, die es besonders in der Sprache der Beduinen und Centralaraber hat; gewöhnlich wird „mit Leuten" übersetzt vgl. Berggren u. amitié, hanter;* Ṭanṭāwi *S. 131 Z. 2; Burckhardt N. 644.*

180) iza kān elḥaki min fuḍḍa eskūt min dähāb. *Wenn das Reden Silber ist, so ist das Schweigen Gold. Dam. — Prov. B. 3 S. 92 N. 548; Berggren u. silence; Burton S. 50 verbessere* »sukūn.« *Dem Sinn nach ähnlich: Schweigen ist besser, als zur Unzeit Reden, Neuphal S. 462.*

181) hal jinšeri min elkaṣṣār šems. *Kann man vom Walker Sonne kaufen? (Er braucht sie selbst.)*

182) *Die Sonne kann sich dem Bleicher nicht entziehen. — Ebensowenig kann sich mancher seinen Clienten entziehen. So richtig Burckhardt N. 130; Berggren u. blanchir.*

183) *Der Satte weiss nichts vom Hungrigen. R. — Aehnlich Prov. B. 1 S. 673 Cap. 13, 73 =* Ṭanṭāwi *S. 114 Z. 1; Prov. B. 3 S. 412 N. 2466.*

184) *Haue den Kopf ab! so schneidest du alle Kunde ab. — Prov. B. 3 S. 416 N. 2488.*

185) ɛabālu kaf-attäl äko zebīb, ṭalaɛ ḥára. *Er glaubte, hinter dem Hügel lägen Rosinen, aber es ergab sich, dass es Koth war.*

186) jeɛāšir elḥaddād jeṭīr ɛalēhu šuɛāri. *Wer mit dem Schmid umgeht, auf den fliegen Funken. — Sollte ich* šuɛāri *für* šurāri *verhört haben? — Dem Sinne nach ähnlich* Ṭanṭāwi *S. 131 Z. 6 d. a. T.; Prov. B. 2 S. 599 Cap. 24, 26.*

187) *Das Trommeln macht sich gut, wenn von ferne gehört. Vgl. Durūb S. 76 türkisch und persisch.*

188) näḥen naɛajjib ɛaunās wulɛēb ɛandina. *Wir schimpfen über die Leute, haben aber den Schimpf davon. Dam.*

189) *Sprich nichts Ungebührliches! denn von jedem Schimpf fällt etwas auf dich zurück. R.*

190) kül dīk ɛala mäzbiltū ṣījāḥ. *Jeder Hahn ist auf seinem Misthaufen*

ein Schreier. Dam. — *Burton N. 47; Berggren u. coq; Neuphal S. 459 fügt hinzu: „und der Hund ist zu Hause ein Löwe." Zu letzterem vgl. Bocthor u. charbonnier.* — *Jeder Hahn ist auf seinem Misthaufen ein Held.*

191) *Wer an die Thüre klopft, erhält Antwort. B.* — *Berggren u. porte; Burton N. 116; Burckhardt N. 604.*

192) *Frage nicht nach dem Manne, sondern nach seinen Freunden!* — *Vgl. Prov. B. 2 S. 913 Cap. 28. 159; Neuphal S. 476; vollständiger: Durub S. 257.*

193) *Wenn's an Krankenpflege mangelt, füllen sich die Gräber.* — *Vgl. Berggren u. soin.*

194) *Der Fremde ist blind, auch wenn er Augen hat.* — *Durub S. 222.*

195) *Blut lässt sich nicht mit Blut abwaschen.* — *Vgl. Prov. B. 2 S. 910 Cap. 28. 138; Berggren u. sang.*

196) *Blut wird nicht zu Wasser.*

197) eddibān jaərḡu dā'ḡn bijjaə eddibs. *Die Fliegen finden den Bart des Syrupverkäufers. Dam.* — *Prov. B. 3 S. 119 N. 898; Berggren u. dips. Des Reimes wegen ist wohl besser* »ellebban« *Milchverkäufer: Prov. B. 3 S. 165 N. 1009;* Tanṭāwi *S. 113 Z. 8 d. u. T.; Burckhardt N. 66.*

198) sitti mā ḡāit baəatit fardit huffitha. *Meine Grossmutter ist nicht gekommen, sondern sie hat einen ihrer Pantoffeln geschickt, (als Symbol, dass sie ihren Einfluss dennoch geltend machen wolle.) Dam.* — *Dem Sinne nach ähnlich Burckhardt N. 194.*

199) *Denk an den Wolf, halte aber eine Ruthe für ihn in Bereitschaft!* — *Prov. B. 3 S. 167 N. 1015, vgl. Burton N. 80; Prov. B. 1 S. 138 Cap. 1. 433, 436; Boethor u. loup; Neuphal S. 465; pers.* Durūb *S. 261.*

200) *Besser ist es, ein Hund zu sein, der frei herumlaufen kann, als ein Löwe, der liegen bleiben muss.* — *Vgl. Berggren u. lion.*

201) *Strecke deine Füsse nach deinem Teppich!* — *Vgl. Bocthor u. condition, mesurer, moyen, proportionner; Burton N. 27; Neuphal S. 477; Berggren u. couverture; Burckhardt N. 411; Prov. B. 3 S. 308 N. 1855.*

202) əuzz elkelb lḡhāṭer ṣāḥibū. *Erweise dem Hund Ehre um seines Herrn willen!* — *Besser Sing. als Plur.*

203) *Man fragte den Pflock: „Warum gehst du in die Mauer hinein?" Er antwortete: „Weil Jemand, der hinter mir ist, Gewalt anwendet."* — *Vgl. Berggren u. clou.*

204) *Deine Finger sind ungleich. (Wundere dich nicht über Ungleichheit in der Natur!) — Prov. B. 3 S. 272 N. 1624.*

205) *Jeder Vogel fliegt mit seines Gleichen.*

206) lilıjet eltammāɛ bẹṭīz elmiflis. *Der Geldgierige wird von dem Bankrottirer betrogen. Eig. barba avari podici ejus qui solvendo impar est, adhaeret. — In Eg.* da'n eṭṭammāɛ fi ṭīz elmiflis. *Dazu gehört folgende Strophe:* ṭammaɛangi banalu bēt fālisāngi sikinlu fī ṭamma'angi ṭalab kirā fālisāngi min ēn jaɛtī. *Der Begehrliche baute ein Haus, der Bankrottirer zog in dasselbe ein; der Begehrliche forderte die Miethe; woraus soll sie der Bankrottirer bezahlen?*

207) kiṭret aṣḥābi jōm lakān ɛandi dibis, ḳallet aṣḥābi jōm eddibri jibis. *Meiner Freunde wurden viel, als ich Honig besass, ihrer wurden wenig, als ich in's Unglück kam (eig. cum podex meus aridus fieret). — Vgl. Burton N. 59.*

208) nāfs eddẹnīje tẹwakkaɛ kadẹr ṣāḥiba. *Eine gemeine Frau bringt die Ehre ihres Mannes zu Falle.*

209) azi kān bētak min ʼẹzāz la teḍārib ġārak billıẹġār. *Wenn dein Haus von Glas ist, so wirf deinen Nachbar nicht mit Steinen! Dam.*

210) elli jẹwaddi hadīje ɛala ġaḥẹš jāḥud hadīje ɛala baɛīr. *Wenn Jemand ein Geschenk auf einem Esel bringt, erhält er ein Geschenk auf einem Kamel (d. h. er erwartet ein solches zu erhalten).*

211) *Das Hausdach sagte: Kommt zu mir herauf, sonst falle ich auf euch herunter.*

212) *Wenn wir einem unverschämten Menschen gegenüber schweigen, so denkt er: „Sie schweigen, weil sie vor mir Angst haben.“*

213) *Wenn Jemand über seine eigene Familie Böses redet, geschieht es aus Tollheit oder aus Unverstand.*

214) *Die Menschen sind verschieden. R.*

215) *Lass dich lieber vom Löwen fressen, als dass du unter der Oberhoheit eines Fuchses lebest!*

216) *An der Stelle, die er verunreinigt hatte, hieng man ihn auf.*

217) jẹfūt ɛaṣāje jiṭlaɛ ḳeĉāje. *Erectus intrat, remissus exit. Zu* keĉāje *Filzlappen vgl. N. 659.*

218) *Ein Sperling verbürgte sich für einen Staaren; da flogen sie beide auf und davon. Der Erklärer beschrieb den* zerzūr, *als ob es die Amsel wäre. Staar nach Cuche und Berggren.*

219) *Schlage den Fremden und triff ihn in's Herz! wäre etwas Gutes an ihm, so wäre er zu Hause geblieben.* R.

220) *Sprich zu den Menschen nach Massgabe ihrer Verstandeskräfte!*

221) *Jeder muss seine Frau nach seiner Erfahrung lenken.*

222) *Wie passt ein Klepper auf eine Matratze!*

223) nār elḥašab jintafi, nār elmaḥabbe dām. *Das Feuer des Holzes erlischt, das Feuer der Liebe brennt ewig.*

224) in kunt ʿāšik jazīk ferd wärde, win kunt ḥaššāš ma jazīk ḥimel elwurūd. *Wenn du verliebt bist, genügt dir eine einzige Rose, und wenn du ein Kräutersammler bist, so genügt dir nicht eine Last von Rosen.* jāzi von wazā *sehr häufig in der Bed.: es genügt.*

225) ṣāniʿ elustād jiṭlaʿ ustād unuṣ. *Der Gehilfe des Meisters wird anderthalbmal so tüchtig, als der Meister.*

226) *Wenn der Räuber unverschämt ist, packt er den Hausherrn, (anstatt dass der Hausherr ihn packt).* ʿēgīn *syn.* ṣēfīh *Orig.Gl.*

227) ḍarrāb errumḥ salim. *Wer eine Lanze trägt, kommt überall durch.*

228) elmūs aḥēr min eddawa. *Das Messer ist der Arznei vorzuziehen, (zunächst beim Scheeren der Schamhaare).*

229) mal ilḥasīs liblīs. *Das Geld des Geizigen gehört dem Teufel.* R. Eg.

230) *Jeder, der richtiges Maass giebt, ist blind, wie wird's erst beim Betrüger stehen?*

231) ḥalḥūl bīʿ eddālu wišterī lęmurtek ḥōlū. *O Lump, verkaufe den Wassereimer (das Nöthigste), und kaufe deiner Frau Süssigkeiten dafür!* R.

232) *Was gilt der Büchergelehrte, wenn man ihn neben den Erfahrenen stellt?* — *Vgl. Berggren u. medecin.*

233) *Wenn du Fürst bist und ich Fürst bin, wer soll dann Eseltreiber sein?* R. — *Vgl. Berggren u. émir.*

234) *Der schlechte Baustein findet sich an der Spitze des Gebäudes.* R. *(Wohl von einem hohen Beamten.) So die Erkl. Besser jedoch scheint,* ḥugra *zu lesen und zu übersetzen: „Das schlechteste Gemach ist oben auf dem Dach.“*

235) *Den Armen erkennt man daran, dass er Traubenhonig, den Reichen daran, dass er Bienenhonig isst.*

236) *Wenn der Arme eine Schlange isst, so sagt man, es sei aus Unwissen-*

heit geschehen; wenn aber der Reiche dasselbe thut, so sagt man, er habe sie als Arznei gebraucht.

237) maktūb ʿala bāb elǵenne, ma ʿāmra ḥamāʾi ḥabbet kinni. *An der Thüre des Paradieses steht geschrieben: Nie in ihrem Leben hat eine Schwiegermutter ihre Schwiegertochter lieb gehabt. R. Dam.*

238) jā ḥame mā kunti kenne. *O Schwiegermutter, bist du nicht auch einst Schwiegertochter gewesen?*

239) *Vierzig Verschwägerte tödten nicht einmal eine Maus (d. h. sie thun nichts für einander).*

240) *Die Kinder guter Eltern schlagen Steine in Stücke (und du willst faul sein?)*

241) kül ṭifel äntáša bās elkebīr īdu. *Wenn das Kind gewachsen (d. h. zu hoher Stellung gekommen) ist, so küsst ihm der Aeltere die Hand. Dam. — Vgl. Berggren u. petit.*

242) *Lass dir Vorbedeutungen werden von den Köpfen der Kinder (von Unbefangenen). R. Die Lesart* fum *„aus dem Munde" (Prov. B. 3 S. 5 N. 22) ist besser als* rus.

244) *Wer den Kindern Recht sprechen wollte, würde sich aus Verzweiflung erhängen. — Vgl. Berggren u. pendre.*

244) *Eine Waise und ein Ei in der Hand! (passt nicht zusammen.) — Vgl. Prov. B. 3 S. 519 N. 3304;* Ṭanṭawi *S. 115 Z. 12 d. u. T.*

245) šeker lā inṭā walā ḏeker. *Der Verschnittene ist weder Frau noch Mann. Das pers. Wort* šeker *„Zucker" wird in Mosul und Bagdad gebraucht. Es ist Liebkosungswort für den Verschnittenen!*

246) *Gott möge uns erretten vor einem Nachbar, der zwei Augen hat! (uns mit zwei Augen beobachten kann.) — Burckhardt N. 115.*

247) *Der Nachbar, der ein Lump ist, macht seinen Nachbar begehrerisch.*

248) miṯel ǵaḥš-elkaṣṣār. jeǵūʿ jišrab mai, jōṭaš jišrab mai. *Er ist wie der Esel des Walkers, der gegen Durst wie Hunger bloss Wasser zu trinken bekommt, (der nie etwas für seine Mühe bekommt). — Vgl. Prov. B. 3 S. 115 N. 688.*

249) *Gerade als wir einbrechen wollten, da kam heller Mondschein. Vgl.* Muḥīṭ *unter* zrk.

250) ḥarāmi mā timseku, kam zaṣā tiḍrubu. *Einen Spitzbuben kannst du nicht (von seinem Handwerk) zurückhalten, so sehr du ihn auch schlagen magst.*

251) *Wer einen Esel treibt, bekommt nothwendig dessen Winde zu riechen.*

252) *Gieb das Brot dem Bäcker (zu backen)! selbst wenn er es stiehlt. (Dies ist immer noch besser, als selbst die Mühe des Backens zu übernehmen.) — Nach Berggren u. boulanger; Neuphal S. 468 besser „selbst wenn er die Hälfte davon stiehlt.“*

253) kallōci ubriglu bēt mšahārẹtu ḥabb eḍḍurrēt. *Der Policist hat an seinen Schuhen Schnüre, aber seine Monatslöhnung besteht aus Kuhbohnen.* R. *So d. Erkl.* kallōci *(von* ḳullo' *Polizeistation) ist türk.* kullukci: *diese Leute tragen europäische Schuhe.* ḥabb eḍḍurrēt *eine Art schlechter Bohnen;* ḍurrēt *von* ḍarat. — kallōci bẹdahru karab unnazāšu ḥabb ettarab. *Der Policist trägt an der Seite einen Carabiner, lebt aber von Bohnen. R. Was für eine Art Bohnen diese „Freudebohnen“ sind, habe ich nicht herausgebracht.*

254) nīk ahūk ulā tẹḥarrib bēt abūk. *Pedica fratrem, parce patri! R.*

255) *Höre nicht auf sein Geschwätz, denn er ist ein Schafskopfverkäufer (hat ein niedriges Gewerbe). R.*

256) etnān lā jišbazān tālib zilẹm uṭālib māl. *Zweie werden nie satt: wer Wissen und wer Reichthum gewinnen will. R. — Prov. B. 3 S. 65 N. 369.*

257) *Wenn der Goldschmidt für seine Schwiegertochter arbeitet, giebt er sich besonders Mühe. — Aehnlich Burckhardt N. 281.*

258) tihlaṣ šūmaat elfakīr bẹṣōḥbet elgani. *Die Kerze des Armen erlischt, wenn er sich in der Gesellschaft des Reichen befindet.*

259) hal tergi min elkaḥbe ēr. *Kannst du wohl der feilen Dirne einen Liebhaber entziehen, (den sie zu haben wünscht)?*

260) eğğēge lūmmā jōzgiba tinḳar rās eldīk. *Wenn das Huhn einen besonderen Gefallen hat, durchbohrt es den Kopf des Huhnes. (Ein Mädchen, das einen Mann haben will, setzt alles daran, ihn zu bekommen.) So die Erkl.*

261) *Ein Kurde ist bärisch, selbst wenn er ein Heiliger wäre. R. — Vgl. Layard, Discoveries in the ruins of Nineveh and Babylon, London 1853 S. 371 „Be the kurd a kurd or a prophet he will still be a bear.“ Ich erinnere mich, diesen Spruch einst vollständiger in folg. F. gehört zu haben:* elkurdi dibbījān walau kān weltjān, lau kān bilkurdi hēr, kān ḳām minhu nebījān. .... *Wenn an den Kurden etwas Gutes wäre, so wäre einmal ein Profet unter ihnen aufgetreten.*

262) elkümmil wälǵeräd walsarab wulakräd küllum salfęsäd. *Die Kummilwürmer und die Heuschrecken, die Beduinen und die Kurden, alle sind verderblich. R. Der* kümmil-*Wurm in Mōṣul* »sün« *genannt, frisst die grüne Saat. — Vgl. Prov. B. 3 S. 183 N. 1103.*

263) *Ein Kurde mit einem Geschenk! (kommt nicht vor).*

264) häda ešlōn ḥamāḳa kōcärīje. *Was ist das für eine kurdenartige Dummheit!* (kōcär *kurdische Nomaden).*

265) *Wenn der Kurde alt wird, so bekommt er die Zicklein zu hüten.*

266) *Man verlangte von dem Juden die Kopfsteuer für zwei Jahre. Er erwiderte: „Meine Religion ist gut, warum soll ich einen Vorschuss darauf geben?*

267) lau bilḳaraǵ ḥēr mä kān jębäddelūn ezzębīb bęḥuraḳ. *Wenn an den Leuten von* Ḳaraǵ *etwas Gutes wäre, so würden sie nicht Rosinen um alte Lumpen eintauschen.*

268) *Gott möge die* Ḳarač *nicht gross werden lassen!*

269) min ezzüṭ wulḳaräǵ. *Er gehört zu den Zigeunern und* Ḳaräǵ. *Letztere sind nach der Erklärung ein berüchtigter Kurdenstamm. Ich vermuthe, es seien ebenfalls Zigeuner und* ḳaräǵ *sei identisch mit* ǵaǵar *Burckhardt S. 228.*

270) *Dem Gläubigen kommt man gerne entgegen, vor dem Ungläubigen hat man sich zu hüten. R. — Vgl. Prov. B. 2 S. 402 Cap. 22, 321.*

271) elmüslim elmā luwa šugęl jęknŝ ujedēwi. *Der Muslim, welcher nichts zu thun hat, beschneidet und doctert. So die Erkl.*

272) *Wenn der Christ aus dem Gerichtshof herauskommt, lernt er das muslimische Recht (wohl weil er dann einsieht, dass ihm die Kenntniss desselben nöthig ist (?)).*

273) *Er ist baarfuss aber mit Henna tätowirt, grindköpfig, kaut aber wohlriechendes Harz; er hat eine zerrissene Kopfbinde, aber er steckt Rosen hinein.*

274) alä'ras jäkul ḥaläwi 'ālū bę'ęrūšu. *Der Grindkopf ass Süssigkeiten. Da sagten die Leute: „Um sein Geld.“ Dam. —* Ṭanṭāwi *S. 111 Z. 9 d. a. T.*

275) aḳras bęräsu dōle naswar bęsainu bōle. *Der Grindkopf wird sein Glück machen; dem Einäugigen kommt Unreinlichkeit in's Auge. R. — Der Grindkopf spielt im Orient eine eigenthümliche Rolle: er ist ein armer Teufel, verachtet und kommt doch durch seine Schlauheit zu einer gewissen Stellung.*

276) ṣabḥak bilḫēr ja ö'ras 'allu häda awwal bāb min elmuḥäua'a. *Man*

sagte dem Grindkopf guten Morgen: er antwortete: „das ist wohl der Anfang, um Streit anzufangen.“ Dam.

277) *Wohin du auch den Grindkopf schlagst, stromt sein Blut hervor. (Er ist leicht verletzbar.) — Vgl. Prov. B. 1 S. 43 Cap. 1, 110; B. 2 S. 625 Cap. 21, 111; Burckhardt N. 538.*

278) *Was hast du an dem Kahlköpfigen kämmen zu wollen? — Vgl. Prov. B. 3 S. 126 N. 750. Vgl. das vorhergehende Sprichwort.*

279) kūe ukāeāl uḥag mubārek. *Ein Hund und ein Grindkopf (sind eine schöne Gesellschaft) zu einer gesegneten Pilgerfahrt.*

280) elkarʿa titġbūha bšaʿr-uḫta. *Die Kahlköpfige schmückt sich (brüstet sich) mit dem Haar ihrer Schwester. — Vgl.* Ṭanṭâwi *S. 115 Z. 9 d. a. T.; Burton N. 8; dem Sinne nach ähnlich Prov. B. 2 S. 104 Cap. 22, 328; Burckhardt N. 570.*

281) *Selbst wenn der Wolf die Nacht hungrig zubringt, trifft ihn der Argwohn der Menschen.*

282) ǵābu ḏīb lijiḳrā ḳālū lū alif bē tē ḳāl ḥārūf ʿanze ǵedi. *Man brachte den Wolf in die Leseschule und sprach ihm vor „abc“; er aber sagte: „Lamm, Ziege, Böckchen“.*

283) *Der Sperling erzählte: Es ist heute ein Centner Fleisch (von meinem Körper) verloren gegangen. Man erwiderte ihm: „Du wiegst ja im Ganzen bloss zehn Dram.“ Er aber antwortete: „Ein jeder kennt seine Wage.“*

284) ǵāǵe btišrab ubutallīʿ lirabba. *Wenn das Huhn getrunken hat, blickt es zu seinem Gott auf. Dam. — Berggren u. poule.*

285) *Wer ein Kamel bewirthet, muss eine hohe Hausthüre haben. Besser wäre* jeʿalli *zu lesen: er muss seine Hausthüre erhöhen. — Vgl. Berggren u. chameau.*

286) *Als man der Katze gesagt hatte: „Dein Koth kann als Arznei dienen“, fieng sie an, ihn zu verstecken. — Berggren u. chat; unrichtig vocalisirt Prov. B. 3 S. 125 N. 2553.*

287) kālū lilbaḳara senulebbiski kürk ḳālet dōʿu ǵildi jibḳa ʿalējji. *Man schlug der Kuh vor: „Wir wollen dir einen Pelz anziehen“; da antwortete sie: „Lasst mir nur meine Haut am Leibe“. — Vgl. Burckhardt N. 521.*

288) *Das Sprichwort ist mir nach d. arab. Text unverständlich. In Damascus*

hörte ich: älbūm lūkān fī hēr mā fālū çṣṣijād. *Si le hibou était bon à manger, le chasseur ne l'aurait pas laissé. Orig.Erkl. — Vgl. Prov. B. 2 S. 572 Cap. 23, 554; B. 3 S. 466 N. 2806; Burckhardt N. 581; Burton N. 43.*

289) *Man fragte den Esel: „Wohin?" Er antwortete: „Entweder Holz oder Wasser holen". Lies* elḥumar. — *Vgl. Burton N. 133;* Ṭanṭāwi *S. 122 Z. 1.*

290) *Der Igel sprach: „Kinder, ihr alle seid bloss Stacheln in Dornen". (ihr seid eigentlich nichts werth (?)). — Berggren u. porc.*

291) *Er ist wie ein Maulthier, das vorn beisst und hinten ausschlägt.*

292) *Der Löwe fragte den Fuchs: „Von wem hast du diese Art des Theilens gelernt?" Er antwortete: „Von den Augen des Wolfes".*

293) *Du bist Fleischer, was hast du mit dem Hufebeschlage zu thun? — Aus der Geschichte des Fuchses und des Wolfes, wie der Wolf das Pferd beschlagen soll.*

294) *Wehe wenn der Besitzer der Falle kommt! — Aus einer Fuchsgeschichte.*

295) *Wenn der Wolf alt wird, so wird er für die Hunde eine lächerliche Figur.*

296) eǵǵemel jiḥmil ḳaṣab ujākul šōk. *Das Kamel trägt Zuckerrohr, bekommt jedoch Dornen zu fressen.*

297) ḳālū li-abu ǵenēb lēš timši ʒala ǵeneb, ḳāl kūlmin jaʒmel mā iṣarrifu. *Man sagte zum Krebs: „Warum läufst du schief?" Er antwortete: „Jeder thut, was er kann."*

298) *Die Schlange hat das Münzkraut* (naʒnaʒ) *nicht gern, aber sie kommt in dessen unmittelbarer Nähe zum Vorschein. So die Erklärung; aber es ist wohl zu übersetzen: während doch dieses (das Kraut) in der Nähe ihres Loches zum Vorschein kommt. Wohl ein Aberglaube. Der Sinn wäre: die Menschen lieben die ihnen nächst Wohnenden nicht, mögen diese noch so nützlich u. s. w. sein.*

299) *Dein wahrer Freund ist dein Busen (bist du selbst).*

300) kälb elluwa bētēn mā jinḥawi. *Ein Hund, der in zwei Häusern Fressen erhält, lässt sich nicht (an einem Orte) einschliessen.*

301) eṭṭōr iḍa šibiʒ jinkiṭ ʒala rāsu. *Wenn der Ochse satt ist, so zerstreut er das Häcksel links und rechts. So die Erklärung. Besser ist* jinkit *zu lesen und zu übersetzen: so stösst er seinen Kopf auf die Erde, um sich zu kratzen, vgl. Cuche u. nkt.*

302) *Feuer im untersten Theil eines Wasserbeckens? (Es muss sogleich verloschen.)*

303) *Wenn der Krämer nichts zu thun hat, verändert er die Gewichte. R. Doch wohl nicht bloss „er verändert die Lage der Gewichte", vgl. Berggren u. poids; Prov. B. 3 S. 96 N. 576.*

304) *Aus einem derartigen Garten kommen derartige Wassermelonen! — Dem Sinn nach ähnlich Prov. B. 3 S. 244 N. 1461.*

305) *Ein solches Netz hat solche Fische gefangen! R.*

306) *Hat jene Wolke wirklich solchen Regen gebracht! — Berggren u. nuage.*

307) bēn elmogrib walɜiša jifɜal allah mā jiša. *Zwischen der Abend- und der Nachtstunde thut Gott, was er will. (Wohl bloss des Reimes wegen.)*

308) *Frage die Schwalbe, wer den Indigo pflanzt. — Vielleicht basirt dies auf einem Volksglauben, dass die Schwalbe nach Indien wandert. Der Erklärer verstand die Redensart nicht.*

309) elbargīl la šibaɜ jeḍarriṭ. *Wenn der Klepper satt geworden ist, lässt er Winde.*

310) jikdaḥ hōne zalak filhind. *Er schlägt hier Feuer, aber in Indien entzündet es sich. (Er bringt nichts zu Stande.)*

311) ḥoṭ eddahab ɜalkelb jeṣīr ḥowāġa. *Wenn du einen Hund vergoldest, so wird er ein angesehener Herr.*

312) *Der Hund ist ein Hund, selbst wenn man ihm eine goldene Halskette anlegt.*

313) elmaktūb mā jinmaḥi. *Was geschrieben ist, lässt sich nicht auslöschen. Vom Schicksal.*

314) insān eš fi bwuǵǵu jirāhu. *Der Mensch sieht das, was vor seinen Augen ist (aber nicht weiter).*

315) ḥīl müflis ɜala müflis ɜeinek tiḥšaɜ elɜaǵeb. *Stelle einen Bankrottirer dem andern gegenüber, so wird dein Auge wunderbare Dinge sehen* (ḥīl *wurde mit* wāǵǵih *erklärt).*

316) *Jedes Land trinkt sein Wasser.*

317) *Wenn er einen Auswurf sieht, so hält er ihn für einen halben Piaster. Von einem Geizhals.*

318) in fātak ezzad gūl lu hana. *Wenn du etwas nicht gekriegt hast, so sage: es ist mir wohl bekommen.*

319) trab lybyzīd dawa elzainēn. *Staub von fern hergeholt, gilt als ein gutes Mittel für die Augen.*

320) ellehḥāh jefukk-ellaḥām. *Der, welcher nicht nachlässt, reisst selbst gelöthete Rohre auseinander.* (laḥam *wohl nur des Gleichklangs wegen statt* láḥam = laġam *türk. oder viell. Plural* fizāl).

321) *Wird der Hund vor dem Brotteig davonlaufen? (Nein, er wird ihn fressen, wenn er ihn kriegen kann.)*

322) *Wenn man einem alten Gaul den Schwanz abschneidet, so wird dennoch kein Füllen aus ihm.*

323) *Der Hungrige isst Steine.*

324) *Es geht ihm so gut, dass er anfängt zu klagen.*

325) *Jeder, der geziert aussieht, ist ein Bösewicht.*

326) elmatrud malḥūk *Was man hat fahren lassen, muss man später einholen.*

327) *Wer sündigt, setzt sich dem Gericht aus.*

328) *Ein Gast und ein Schwätzer (ein Gast ist öfters ein Schwätzer).*

329) *Wenn das Hündchen auch noch so sehr wächst, wird es doch nie ein Elephant.*

330) *Jeder Mensch ist für einen Schmerz geschaffen.*

331) *Alles zu seiner Zeit.*

332) *Man brachte den Schwätzer in die Hölle; da sagte er: „Euer Brennholz ist feucht.“ — Vgl. Proc. B. 1 S. 491 Cap. 8, 71; Burton N. 172.*

333) *Sie ist nicht einäugig, aber triefäugig (was die Sache nicht viel besser macht).*

334) *Einer tüchtigen Stute gieb gehäuftes Futter.* ēgīn = zafrīt. *Orig. Gl.*

335) *Man sagte zu dem Faulen: „Heute ist ein Feiertag“; da antwortete er: „Auch morgen und übermorgen.“*

336) *Wenn das Schicksal sich gegen dich dreht, so drehe es auf deinen Schultern (so suche in dasselbe einzugreifen). — Auch ohne* »idā«.

337) *Wie die Zeit sich dreht, drehen wir uns (nach der Zeit).*

338) eddēn garab. *Schulden sind wie Krätze. Eg.*

339) älḥara ḥara lau zadu nahr-älfara. *Dreck ist Dreck, wenn er auch über den Eufrat gegangen wäre. R. Dam.*

340) rāḥū jišnekūhu, rādlu ḥabḷ menakkaš. *Sie giengen ihn aufhangen, da wünschte er einen buntfarbigen Strick.*

341) ḥaraket elkeslān tōamel zijān. *Jede Bewegung, die ein fauler Mensch macht, richtet Schaden an. B.*

342) *Er schiesst auf den Hagel, aber er kann ihn doch nicht als Beute forttragen.*

343) *Wer kein eigenes Haus hat, dem kommt es nicht darauf an, ob er seine Lagerstätte zerstört, oder nicht.*

344) *Jeder verzehrt, was ihm beschieden ist.*

345) *Erzieht mich (wie ihr wollt), ich bleibe dennoch das Kind meiner Familie.*

346) *Der Floh hüpft im Bart herum (wie auch immer die Verhältnisse sein mögen; man kann ihm dort schwer beikommen).*

347) kūnnak ḥaddād bālā faḥem. *Du bist wie ein Schlosser, der keine Kohlen hat.*

348) kūnnak haita būla pištawāt. *Du bist wie ein Haita* (Bāšbozuk) *ohne Pistolen.*

349) ja rēt zūn'i mitl zūn'-eġġūmāl ḥōtta 'abḷ mā ahki kilmi ḍdū'a. *O hätte ich doch einen Hals wie der eines Kamels, damit ich ein jedes Wort versuchen könnte, bevor ich es ausspreche. Dam.*

350) *Ein edler Mann geräth wohl in Eifer, aber er schlägt nicht drein.*

351) killet ġīre uṭūlet zūmer. *Kein Eifer, aber langes Leben. — Dies sagt man von einem »beṛīr« der nichts arbeiten mag.*

352) sikke ġedīde, flūs ḥūmer. *Neue Münze, aber rothes Geld (Kupfergeld).*

353) ezzōr ma jiḫla min elwāwi *oder* kul zōr fīha wāwi. *In jedem Dickicht sitzt gewiss ein Schakal.*

354) sikeṛ ennedāf ḥakkem elfukeṛ. *Die Trunksucht des Wollkrämplers zieht dessen Verarmung nach sich.*

355) jeṣuk ḍarf zasal zala laṭza. *Er bohrt ein Gefäss voll Honig an, um einen Finger voll (eig. eine Leckung) davon zu kriegen. Der Erklärer wollte übersetzen: „Er wirft ein Gefäss um“ (?).*

356) *Er will den Himmel mit Blindheit zudecken (weil er blind ist, glaubt er, der Himmel sei bedeckt). — Aehnlich Prov. B. 2 S. 169 Cap. 18, 296; Burckhardt N. 38.*

357) *Was in der Nacht geredet wurde, wischt der Tag aus.* — *Prov. B. 2 S. 396 Cap. 22, 283; Burckhardt 561.*

358) ʾalu lilkälb ürkuḍ waʒauwi ʾallū kārēn biʾīd mā jeṣīr. *Man sagte zum Hund: „spring und belle". Er antwortete: „Zwei Geschäfte zu gleicher Zeit, das geht nicht". Dam.* — *Vgl. Berggren u. métier.*

359) eljẹrīdu kullu jẹfutu küllu. *Wer alles haben will, dem entgeht Alles.* — *Das Suffix bei* jerīdu *ist Accus. an der Stelle des Dativs. Man sagt* jerīd lī gẹdīš, *ich brauche einen Klepper.* — *Berggren u. vouloir.*

360) *Das Wort eines Weisen aus dem Hirn eines Verrückten! (bisweilen hat man sich über eine verständige Bemerkung aus dem Munde eines dummen Menschen zu wundern).*

361) ṣōt eṭṭabẹl juṣal libẹʿīd. *Der Schall der Pauke dringt in die Ferne. Dam.* — *Neuphal S. 174; Burton N. 98.*

362) ennidẹr liddēr ulḥara ʒala asmān (!). *Das Gelübde dem Kloster und den Dreck dem Simeon.* — *Vgl. Burton N. 31. Vielleicht ist der Sinn, dass derjenige sich alles erlauben darf, welcher seine religiösen Gelübde erfüllt hat.*

363) ʾalu bẹmuṣrīje karáfẹs walū nẹhīnik jā uäfẹs. *Man sagte: Lieber wollen wir bloss um einen Pfennig Sellerie (besitzen) als (durch Bitten um bessere Nahrung) uns erniedrigen. R. Dam.* — *Vgl. Prov. B. 3 S. 401 N. 2396 falsch übersetzt; Berggren u. céléri.*

364) *Wie gut hat's der, dem einmal das Geschick lächelt!* — *Vollständiger Prov. B. 3 S. 161 N. 976.*

365) *Wer sich betrinken will, zählt die Becher, welche er trinkt, nicht.* — *Berggren u. verre.*

366) miftāḥ eššar kilme umiftāḥ elbaṭẹn liʿme. *Der Schlüssel für das Böse ist ein Wort, und der Schlüssel für den Bauch ist ein Bissen. Wortspiel. Dam.* — *Vgl. 367. Berggren u. clef.*

367) *Das Essen beruht auf einem Bissen und das Unheil auf Worten. (Wer nur erst einen Bissen genossen hat, kann weiter essen.) Diese Form des Sprichworts beweist, dass Burton N. 179 mit seiner Erklärung von 366 Recht hat.*

368) salāmet elinsān biḥafḍ ellisān. *Die Wohlfahrt des Menschen beruht darauf, dass er seine Zunge hüte. R. Dam.* — *Vgl. Prov. B. 3 S. 235 N. 1407;*

ebds. S. 282 N. 1691 (etwas anders S. 50 N. 295; Prov. B. 1 S. 437 Cap. 7, 11); Durub S. 163 und 176; Marcel Vocabulaire u. langue.

369) min ṣabar lilmintāha jiḫlus. *Wer ausharrt bis an's Ende, wird gerettet (kommt zum Ziel). Dam.*

370) eṣṣabṛr min erraḥman walkalak min eššeiṭan. *Geduld kommt von Gott, Unruhe vom Teufel. B. — Vgl. Durub S. 213.*

371) eṣṣabṛr salame ulla̋ǧūga nădāme. *In der Geduld liegt Heil, auf das Drängen folgt Reue. B.*

372) min ṣabar kadam umin lăǧ kāfār. *Wer Geduld hat, kommt vorwärts, und wer drängt, sündigt.* *Prov. B. 3 S. 269 N. 1607 liest statt* kadam: kadar; *dann Reim. Vgl. Berggren u. patience; Neuphal S. 484.*

373) *Ausdauer ist der Schlüssel zur Freude. — Prov. B. 1 S. 751 Cap. 11, 131;* Durub *S. 187; Berggren u. patience.*

374) *Jeder Krämer preist an, was er in seiner Schachtel hat. — Aehnlich Berggren u. marchand. —* elɜaṭṭār jṇnādi mā biḥurǧu. *Jeder Krämer preist an, was er in seinem Sack hat.*

375) eṭṭul ṭūl ennaḫle walɜakḷl ɜakḷl essaḫle. *Hoch aufgeschossen wie eine Palme, aber dumm wie ein neugeborenes Schaf. R. — Prov. B. 3 S. 308 N. 1856. — Er ist lang wie eine Pappel, aber dumm wie ein Ochse. R.*

377) kūl ṭawīl habīl ukūl ʾaṣīr fuṭin. *Jeder Langgewachsene ist ein Dummkopf und jeder Kleine ist gescheidt. Dam. — Aehnlich Berggren u. long.*

378) *Jeder Kleine ist ein Stänker, ausgenommen* ɜAli. *— Vielleicht sagt man so (und ebenso ist dann N. 379 aufzufassen), wenn ein* ɜAli *oder ein* ɜAmṛr *sich in der Gesellschaft befindet.*

379) *Jeder grosse Kerl ist dumm, ausser* ɜAmṛr. *— Ueber die Dummheit, welche einem Grossgewachsenen zugeschrieben wird, vgl. Burckhardt N. 389; Prov. B. 2 S. 55 Cap. 16, 91; ebds. S. 273 Cap. 21, 87; B. 3 S. 117 N. 695; ebds. S. 173 N. 1046.*

380) la ṭul bana ḥēṭ ulā ḥōsṇn ḍauwa bēt. *Nicht die Grösse (eines Menschen) baut die Mauer, und nicht die Schönheit erleuchtet das Gemach. R. Dam.*

381) ɜamḷl elɜōḏr-akwa min essūdah. *Sich entschuldigen ist schlimmer als sich vergehen. — Vgl. Prov. B. 3 S. 327 N. 1968;* Tanṭawi *S. 114 Z. 13 d. a. T.*

382) entāmm-elɜīd ukalaku kūl min dahal fi ḥaraku. *Wenn das Fest mit*

seinem Lärm vorüber ist, so schlüpft Jedermann wieder in seine alten Lumpen. R. — *Vgl. Prov. B. 3 S. 201 N. 1205; Burckhardt N. 487.*

383) elbedûwi ʒokṣb arbaʒīn sene aḥad ṯāru wistaʒgāl. *Der Beduine nimmt nach vierzig Jahren Rache und glaubt, er habe sich damit beeilt. — Vgl. Berggren u. bédouin; unvollständig Prov. B. 3 S. 187 N. 1114.*

384) eššeiṭān ma jeḥarrib ʒōššu. *Der Teufel zerstört sich sein eigenes Nest nicht. — Vgl. Prov. B. 1 S. 709 Cap. 13, 180; Burckhardt N. 67.*

385) bīr elliširab minnu moi la dzid bīnu ḥagar. *In die Cisterne, aus welcher du Wasser schöpfst, wirf keine Steine.* (zed = *werfen). — Vgl. Burckhardt N. 151; Berggren u. puits: Prov. B. 3 S. 36 N. 205; B. 2 S. 482 Cap. 23, 270. Dem Sinne nach ähnlich Burckhardt N. 361.*

386) sanānīr ješūfūn bānnōm jākulūn fār. *Katzen träumen vom Mäusefressen.* — *Vgl. Burckhardt N. 225.*

387) *Die Hühner träumen davon, dass sie Weizen sieben. — Vgl. Burton N. 60.*

388) *Der Hahn träumte, er sei Futterhändler geworden.*

389) *Nicht jede Wolke bringt Regen.*

390) *Nicht jeder, der (von oben herunter) grüsst, ist* Ǵaʒfar Paša. *So die Erklärung; wer aber unter* G. Pašā *zu verstehen sei, wusste der Erklärer nicht anzugeben. Ich denke, dass nicht* sellem, *sondern* silim *zu lesen und zu übersetzen sein wird: „Nicht jeder (Soldat), der unverletzt (aus der Schlacht) davon kommt, wird G. P., das heisst General.*

391) *Nicht in jedem Nest sitzt ein Spatz.*

392) *Nicht in jeder Muschel steckt eine Perle.*

393) *Nicht jeder, welcher Lanzen schleudert, trifft den Feind; nicht jeder, welcher sich einen grossen Turban um den Kopf wickelt, ist ein angesehener Mann. — Lies* zereḳ *mit* ḳ. *Die Form* ʒād, *das verkürzte Part. Act. steht hier natürlich bloss des Reimes wegen für* ʒadū.

394) *Nicht jeder, der hämmert und klopft, ist ein Schmied. — Vgl. Prov. B. 2 S. 572 Cap. 23, 556; Burckhardt N. 591; ähnlich 616.*

395) lā kullamān ḏāḳ ālhawa ʒōrif elhawa walā kullamān širib elmādām nedīm. *Nicht jeder, der das Clima eines Landes kennen gelernt hat, kennt dasselbe, und nicht jeder, der mit Andern Wein trinkt, kann als Zechgenosse angesehen werden.*

396) *Nicht alles, was auf dem Markt verkauft wird, ist Leinwand.*

397) *Nicht alles, was rund ist, ist eine Nuss. — Vollständiger in Egypten, wo hinzugefügt wird „und nicht alles was länglich ist, ist eine Banane (oder eine Mandel)".* Bocthor *u. oblong, or;* Tantawi *S. 130 Z. 5 d. a. T.*

398) *Der eine trägt einen Bart, und der andere wird dessen überdrüssig. — Vgl. Berggren u. barbe;* Tantawi *S. 132 Z. 2 d. a. T.*

399) *Der Edle wird geonkelt. (Einen Mann von edler Geburt nennt Jedermann gerne Onkel.) Vgl. N. 400.*

400) saalu elbaġel minhu abuk, kāl ḫāli elḥṣān. *Man fragte das Maulthier: „Wer ist dein Vater?" Es antwortete: „Mein Onkel ist der Hengst." — Bocthor u. mulet; Burton N. 9; Neuphal S. 428; Prov. B. 2 S. 274 Cap. 21. 93. Vgl.* Tantawi *S. 124 Z. 2 d. a. T.; Burckhardt N. 324.*

401) albaṭṭīḫtēn beīd mā tāuḥemil. *Zwei Wassermelonen kann man nicht in einer Hand tragen. Dam. — Vgl. Durūb S. 66.*

402) ġerḥ essēf jeṭīb uġerḥ elkalām mā jeṭīb. *Die durch das Schwert geschlagene Wunde kann heilen, die durch das Wort geschlagene aber nicht. — Vgl. Prov. B. 3 S. 290 N. 1711; ib. S. 70 N. 396. 397. 398; Durūb S. 49.*

403) eġġaḥeš es meʿallimu bakel ennaʿnaʿ. *Wer belehrt den Esel über den Werth des Münzkrautes? (Er versteht eine kostbare Sache nicht zu würdigen.)*

404) elʾāmi masʿūle wulġībe mā fīha fūle. *Von aussen schön geputzt und in der Tasche keine Bohne. Dam. — Vgl. Prov. B. 3 S. 66 N. 376.*

405) elfakīr jeṣīr ēru ġalīḍ. *Der Arme bekommt ein grobes (dickes) Glied. Sollte diese Redensart durch die nachfolgende ihre Erklärung finden? Der Erklärer fasste sie so auf. Man vergleiche aber auch Prov. B. 3 S. 399 N. 2388.*

406) elfakīr iḏa tala baṭnu ḳūm zūbbu. *Wenn der Bauch des Armen voll ist, wird er übermüthig.*

407) iḏa akbalāt baḍ eldīk ʿalālwāddi waʾiḏa adbarāt bāl elḥumār ʿala ibeu elasadi. *Wenn das Glück günstig ist, so legt der Hahn Eier auf einen Pflock; wenn es aber den Rücken kehrt, so schlägt der Esel über den Sohn des Löwen das Wasser ab. R. — Vgl. Prov. B. 3 S. 405 N. 2421.*

408) ʾālū ʾšu aḥla meḥalāwi, ʾālu eṣṣulḥ mim-baʿd elʿadāwe. *Man fragte: „Was ist süsser als Bonbons?" Man antwortete: „Friedensschluss nach Feindschaft." R. Dam. — Prov. B. 3 S. 114 N. 682; Berggren u. paix.*

409) *Wenn du Jemand zu essen geben willst, so mache ihn satt; und wenn du Jemand schlagen willst, so mache, dass es ihm auch weh thut. — Lies* »ida«. *Vgl. Prov. B. 3 S. 289 N. 1734; Burton N. 122; ähnlich Prov. B. 1 S. 41 Cap. 1, 103, und ebd. S. 143 Cap. 1, 468.*

410) *Den Monat, an dem du keine Abrechnung hast (nichts einnimmst), den zähle nicht. — Vgl. Prov. B. 3 S. 551 N. 3317;* Ṭanṭâwi *S. 114 Z. 3 d. a. T.; besser „dessen Tage zähle nicht." So Prov. B. 3 S. 260 N. 1559; Prov. B. 1 S. 707 Cap. 18, 172; Burckhardt N. 349; Burton N. 45; Berggren u. gain; vgl. auch Burckhardt N. 754.*

411) *Wer das Essiggericht nicht isst, dem thut der Bauch nicht weh.*

412) *Wer keine Herlinge isst, dem werden die Zähne nicht stumpf.*

413) uṣṭubur zalḥōṣum tâkul zōnab. *Habe etwas Geduld mit den unreifen Trauben; später kriegst du reife zu essen. — Vgl. Berggren u. verjus.* ḥōṣum *hier statt* ḥōṣrum.

414) *Der Leichenwäscher ist einäugig, die Baumwolle (welche dem Todten in die Nase u. s. w. gestopft wird) roth, die Todesart schimpflich. — Vgl. Burckhardt N. 18 vollständiger.*

415) in tābet elkaḥbe tçṣīr ḳawwāde. *Wenn die Hure anfängt fromm zu werden, so wird sie Hurenmäklerinn. — Vgl. Burckhardt N. 111.*

416) ʾālū liddīk ṣīḥ, ʾāl kul ši bimḥallu mçlīḥ. *Man forderte den Hahn auf zu krähen, da antwortete er: „Alles zu seiner Zeit". R. Dam. — Berggren u. coq.*

417) *Was ist eine Fliege, und was giebt's für eine Suppe davon? (zu Jemand, der glaubt mit geringen Mitteln viel ausrichten zu können). — Vgl. Prov. B. 2 S. 636 Cap. 24, 154.*

418) *Er isst Linsen (die Winde bewirken) und spricht dabei über göttliche Dinge. — Aehnlich Burckhardt N. 621.*

419) zādet elbilbādān mā jçgajjira illa-lkāfān. *Eine Gewohnheit, die im Körper eingewurzelt ist, ändert nur das Leichentuch. R. — Prov. B. 3 S. 364 N. 2180; Berggren u. habitude; ähnlich Prov. B. 2 S. 169 Cap. 18, 298.*

420) *Die junge Ente versteht zu schwimmen. — Vgl. Burckhardt N. 478;* Ṭanṭâwi *S. 120 Z. 11 d. a. T.; ähnlich Prov. B. 3 S. 364 N. 2178.*

421) *Der junge Hund versteht zu bellen.*

422) *Ein Hahn, welcher gut krahen wird, kraht schon, wenn er aus dem Ei kommt. R. — Prov. B. 3 S. 164 N. 1001; Burton N. 88; Neuphal S. 470; vgl.* Tanṭâwi *S. 115 Z. 4 d. a. T.; Burckhardt N. 48.*

423) *Nichts trifft dich, als was dir bestimmt ist. R. — Vgl. Berggren u. destinée; Durûb S. 293.*

424) *Selbst wenn du in's Land der wilden Thiere auswanderst, wirst du nicht mehr erreichen, als was dir bestimmt ist. R. — Statt* tẹhûš *würde man* teḥâwiš *sagen, wollte man nicht reimen.*

425) Alû šu aḥla milzawal. ʿalû elhallu balâš. *Man fragte: „Was ist süsser als Honig?“ Man antwortete: „Der Essig, wenn man ihn umsonst haben kann.“ Dam. — Vgl. Berggren u. vin.*

426) *Heute mir, morgen dir (in vortheilhaftem Sinn). — Berggren u. aujourd'hui.*

427) *Das Schicksal ist (bisweilen) Nachts schwanger und bringt merkwürdige Dinge zur Welt, einmal zu deinen Gunsten, ein anderes mal zu deinem Schaden. — Zum ersten Theil Durûb S. 268, 278; zum zweiten: Bocthor u. jour; Prov. B. 2 S. 935 Cap. 28, 111; Prov. B. 3 S. 161 N. 974; ebds. S. 639 N. 153 (vollständiger); Neuphal S. 460, 463.*

428) *Das Mutterschaf hütet sich davor, auf sein Lamm zu treten. — Aehnlich Prov. B. 2 S. 498 Cap. 23, 317.*

429) ida tẹhâṣam ellôṣṣân ḍuher elmasrûḳ. *Wenn die Diebe uneinig werden, kommt das gestohlene Gut zum Vorschein. — Prov. B. 1 S. 139 Cap. 1. 433.*

430) sajẹdub ettelǵ jẹbâjjin elhara. *Wenn der Schnee schmelzen wird, kommt der Mist zum Vorschein. — Prov. B. 3 S. 173 N. 1051; Burton N. 182.*

431) mân aḥabba šâjjan akṭar ḏikru. *Wenn Jemand eine Sache gerne hat, so redet er viel davon. — Vgl.* Tanṭâwi *S. 130 Z. 15 d. a. T.; Burckhardt N. 677; Prov. B. 3 S. 87 N. 518.*

432) *Wenn der Schwanz des Hundes vierzig Jahre eingezwängt bleibt (damit er gerade werden soll), so kommt er selbst dann noch krumm heraus. — Vgl. Burton N. 184; Prov. B. 3 S. 171 N. 1039; Burckhardt N. 285.*

433) *Wenn der Hahn stirbt, so sind seine Augen (immer noch) auf den Mist gerichtet. — Vgl. Prov. B. 3 S. 500 N. 3005; Burckhardt N. 159.*

434) *Jedes Schaf wird an der Sehne seiner Ferse aufgehängt (mit Jedem*

geht's schliesslich zu Ende). Der Erklärer sprach karzūb, *wohl* = class. zurkūb. — *Vgl.* Meidāni *Cair. Ausgabe B. 2 S. 67 Z. 9; Prov. B. 2 S. 312 Cap. 22, 15 vgl. 58; Burton N. 23; Berggren u. mouton; Burckhardt N. 545.*

435) kul ǵędīd illu lidde walzatī' zaläihi säläm. *Alles Neue hat seinen Reiz, und das Alte wird verabschiedet. Dam. — Prov. B. 3 S. 445 N. 2674.* — kul ǵędīd lehu lizze uknī zatīk lehu däzze. *Alles Neue hat seinen Reiz, und alles Alte geht seiner Verstossung entgegen. — Vgl. Burton N. 169;* Ṭanṭāwi *S. 127 Z. 16 d. u. T. (Hezz elkuḥūf S. 156 Z. 20); unvollständig Prov. B. 2 S. 576 Cap. 23, 582; Durub S. 51.*

436) ḥudlek ḥamwe winšīkeh. *Nimm einen starken Anlauf, dann bleib stehen!*

437) ṣär lilḥara mara ṣūr jeḥlif biṭṭalā'. *Der Dreckkerl bekam eine Frau, da begann er bei der Scheidung zu schwören. (Die Transscr. stammt aus Eg.)*

438) *Man fragte den Blinden: „Was suchst du?" Er antwortete: „Oeffnung der Augen." — Vgl. Berggren u. pair; Burton N. 128;* Ṭanṭāwi *S. 119 u.: „einen Korb voll Augen."*

439) zainän ma betšūf 'albän mä bijūġaz. *Was das Auge nicht sieht, thut dem Herzen nicht weh. Dam. — Vgl. Burckhardt N. 410; Hezz elkuḥūf S. 147 Z. 13; Berggren u. oeil; Burton N. 63.*

440) *Wenn die Sonne untergeht, so gieb Acht auf den Mond!*

441) ida fātak billaḥem, zalēk bilmaraka. *Wenn dir das Fleisch entgangen ist, so gieb Acht auf die Brühe! — Vgl. Burckhardt N. 662.*

442) *Nur der, welcher den Kopf aufgesetzt hat, lässt ihn abschneiden (Alles kommt von Gott).*

443) *Licht kommt vom Licht; aber die beiden Lichter kommen von Gott.*

444) *Der Müssige wällt den Mondschein (geräth auf tolle Gedanken).* jędauwik *vom Bäcker, der das Brot mit dem Wällholz* (šōbäk) wällt.

445) *Er hatte hinten einen Höcker, da wollte er auch vorne einen solchen haben. (Wer einen Fehler hat, fügt gewöhnlich demselben noch einen zweiten bei.)*

446) *Jeder Vogel lässt sich in einen Schlupfwinkel nieder. (Vielleicht wie N. 447).*

447) mä ṭär ṭēr wírtęfaz illa kama ṭär wakaz. *Es ist noch nie ein Vogel in die Höhe geflogen, ohne dass er wieder herunter kam, wie er hinaufgeflogen war. R.*

448) *Wenn Jemand nicht versteht Haus zu halten, so wird ihm seine Gerste von seinem Weizen aufgefressen. R.*

449) *Die Welt überdauert die Menschen.*

450) *Gerade das räudige Schaf will nur von dem lautersten Quellwasser saufen.*

451) *Er kommt eben aus dem Ei und spuckt nun darauf.*

452) *Berechne zuerst die Grösse des Knochens nach deiner Kehle, bevor du ihn hinunterschluckst.*

453) *Wenn die Häuser sich durch lautes Geschrei aufbauen liessen, so hätte der Esel längst alles, was verfallen ist, aufgebaut.*

454) *Er wagt nicht zu scheissen, da er fürchtet Hunger zu bekommen. (Von einem Geizhals.)*

455) *Wenn dein Glück in der Luft liegt, so spielt damit (entzündet es) ein Stückchen Schwefelholz, ohne dass du es anbläsest und dich abmühst.*

456) úkѕud baѕīd ukul mā tęrīd. *Wenn du weit weg bist, kannst du erzählen, was dir gefällt. R. Dam.*

457) ḥarā-lkälb mā jęṣīr ḥalāwa. *Hundsdreck verwandelt sich niemals in Bonbons.*

458) elli jākul ūbri jiḥra muḥāṭ. *Wer eine kleine Nadel isst, giebt eine Packnadel von sich. (Wenn Jemand nur etwas weniges Böses in sich aufnimmt, so wächst das Böse in ihm.)*

459) šē elmājjit kālmājjit. *Das Eigentum des Todten ist todt, wie der Todte. (Nur der Lebende weiss mit seinem Eigentum etwas anzufangen.)*

460) zūѕel ѕala šifšigu ḥūri beitjānu. *Er wurde zornig über sein Hosenband, da verunreinigte er seine Hosen.* (citjān = šintijān.)

461) *Er hat seinen Mund an der heissen Milch verbrannt, nun bläst er die Dickmilch.*

462) elli mā fihi hēr mōtu aḥēr. *Derjenige, an dem nichts Gutes ist, thut besser daran, zu sterben. R.*

463) *Wenn Jemand weint, so weint er über s e i n e n Todten (nicht über Fremde).*

464) elli mā lahu cāmca teḥterik īdu. *Wer keinen Löffel hat, verbrennt sich die Finger.*

465) ġaḥš-ennaṣi kül min jiġi jirkabu. *Auf den niedrigen Esel kann jeder Beliebige aufsitzen. So die Erklärung.*

466) *Wenn die .... fliegen, so bedecken sie den Körper der Sonne. (Es ist anzunehmen, dass* ʒarrīn *Vögel bezeichnet. welche in grossen Schwärmen fliegen.)*

467) *Der schmutzigste der Fische macht das Meer stinken. (Man sagt* hęduın ḳils *beschmutzte Kleider.) Der Sinn des Sprichworts ist mir nicht klar.*

468) *Den Ehrlosen siehst du sich mit den Angelegenheiten seines Nachbars beschäftigen. (Das erste Wort könnte für* muʒarras *stehen; ähnliche Verkürzungen kommen vor. Der Erklärer fasste es als aus türk.* ʒärsiz *entstanden.)*

469) *Der Berg wird durch den Axtstiel, welcher von ihm genommen ist, abgeholzt (?).*

470) *Wie kann man Nahrung finden, wenn viele ihre Geschäfte auf einen Punkt concentriren? R. — Der Erklärer schlug vor statt* ēn: ʒēn *zu lesen; ich halte aber nach reiflicher Ueberlegung die Textlesart für die richtige.*

471) *Der eine hat seinen Bart verbrannt, da wollte der andere daran Stückchen Fleisch braten. (Lies* iḥtaraḳet; *der Schreiber hatte die Punkte vergessen.)*

472) ʾālu liġāmel šū kārak ʿāl deʾʾ annāiji ʾālu bājin ʒalā īdēk arfāʒ ubūsak haḍḍajjiʾ. *Man fragte das Kamel: „Was ist dein Handwerk?“ Es antwortete: „Das Flötespielen.“ Da erwiderte man: „Es scheint so, nach deinen zarten Händen und deinem engen Mund zu urtheilen. R. Dam. — Vgl. Berggren u. chameau.*

473) nęḥūḍ elmęḥāḍa ujębājjin abu ġūrwa. *Wenn wir durch die Furth waten, kommt es an den Tag, wer mit einer Geschlechtskrankheit behaftet ist. — Vgl. Burckhardt N. 416.*

474) *Zu dem, der keine Religion hat, gehört (passt) ein zweiter, der keinen Glauben hat. — Vielleicht nach Prov. B. 3 S. 20 N. 117 zu verbessern, da das Obige keinen guten Sinn giebt.*

475) *Zu jedem Mörder gehört ein Gemordeter. (Ich vermuthe, dass die Redensart eher umgekehrt werden sollte.)*

476) rāḥet essekra uġit elfākra. *Der Rausch ist vergangen, die Besinnung gekommen. R.*

477) *Hundert Spatzen machen mein Mass nicht voll (ich hätte lieber etwas Substantielleres).*

478) *Der, welcher ein Weh hat, vergisst es nicht.* R.

479) *Wie es kam, geht's vorbei.*

480) *Der Tag vergeht, aber das Unheil, welches er bringt, vergeht nicht.*

481) *Schande haftet an den vornehmen Häusern.* R.

482) *Wenn man graue Haare hat, ist es eine Schande (noch zu heirathen). So die Erklärung.*

483) gōhgr elzanze mukāššāfe. *Das Hintere der Ziege ist nackt (das Sachverhaltniss ist klar).*

484) eš ákoš zand elkaḥbe gēr elhasīr wuššürbe. *Was ist im Hause der feilen Dirne zu finden, als eine Strohmatte und eine Wasserflasche?*

485) meṣâjib ellbēn tismur zalalkulūb wudūd. *Jeder Trennungsfall schlägt einen Pflock in's Herz ein.*

486) *Ein blinder Ochse und fein geschnittenes Futter. (Er sieht nichts und hat nichts.)*

487) *Die Narcisse wollte nicht im Garten des Schreibers bleiben. — Der Erklärer wusste nicht, was für eine Pflanze zu verstehen sei. Ich vermuthe bloss wegen des Anklangs an* nergis, *es sei die Narcisse gemeint.*

488) eibās min ḥara essōm. *Trockener als das Excrement der Fastenzeit. (Von einem Geizhals.)*

489) *Die Thürschwelle erkundigt sich, ehe sie Jemand einlässt (?).*

490) aḥsan ma thauwir sa'fō ǵīb la'arḍō ḥaṣīri. *Besser als die Decke zu weissen, wäre es, wenn du eine Strohmatte auf den Boden legtest.* Dam.

491) ḥōmra zala ṣanne waḥṭūṭ zala šarṭūṭ. *Rothe Farbe (mit welcher man den Körper bemalt) auf Unsauberkeit und Bänder auf Lumpen.* Dam. — *Vgl. Burckhardt N. 436.*

492) jā mūn tṣzib jā mān šękī ḥāb älladi ammäl. *Weh über den, der sich abmüht und unglücklich wird: wer hofft, findet sich getäuscht.*

493) *Man fragte das Kamel: Warum hast du einen langen Hals? es antwortete: Damit ich weit sehe.*

494) zaṣṣr ma jaḥden šāms mā tęǵīb. *Wenn die Stunde des Nachmittagsgebetes nicht gerufen worden ist, so kann die Sonne nicht untergehen.* Dam. *Scherz.*

495) min ḥabbak lāšāk umin bagaḍak fāt çhallūk. *Wer dich liebt, drängt sich an dich heran, und wer dich hasst, geht an dir vorbei und lässt dich in*

Ruhe. — Der Erklärer wusste mit dem Worte lāšāk *nichts anzufangen. Ich dachte zuerst natürlich an* lāšā *abgel. von* lā šāi *(vgl.* Muḥīṭ *u.* lšw) *in der Bedeutung „zu Nichte machen". Es ist nicht zu läugnen, dass die Phrase, wenn man das Wort auf diese Weise fasst, einen Sinn bekommt. Es scheint mir jedoch, dass der Gegensatz zu dem nachfolgenden besser hervortritt, wenn man* lāšāk *von dem in jenen Gegenden gebräuchlichen türkischen Worte* lāš *ableitet (vgl. Garzoni u. corpo). Um das* ā *in* lāšāk *zu erklären, transcribire ich hier ein Sprichwort, welches auch seines Sinnes wegen als Parallele anzuführen ist (Neuphal S. 481):* mān aḥabbak bakkāk umān bagaḍak ḍaḥḥakak. *Wer dich gerne hat, macht dich weinen, und wer dich hasst, macht dich lachen. Augenscheinlich ist des Reimes wegen* ḍaḥḥakāk *zu lesen und zu betonen.*

496) gōz masdōd walǵeráb māšdūd. *Die Nüsse sind gezählt, und der Sack ist zugebunden. (Es kann Niemand mehr einen Theil davon kriegen.) — Vgl. Prov. B. 3 S. 81 N. 474.*

497) *Das Leben in der Heimat ist süss, selbst im Grabe.*

498) zīwān elbālād wula ʿamḥ eǵǵālāb. *Der Lolch aus der Heimat ist besser als guter Weizen aus der Fremde. R. Dam.*

499) sēnet eššems mā teǵáttiha mawāḥilha. *Siebe können den Sonnenkörper nicht bedecken. (Von einem Elenden, der sich zu schämen hat. So die Erkl.) — Vgl. N. 500.*

500) illi ma ješufši min elgurbāl elasma-ḥēr minnu. *Der Blinde ist besser dran als derjenige, welcher vor Scham Niemand ansehen darf. So die Orig.Erkl. Cairo. — Vgl. Prov. B. 3 S. 35 N 195; Berggren u. crible.*

501) *Wäre nicht die Hoffnung, so wäre es aus mit allem menschlichen Thun. R. Eg. — Berggren u. espoir.*

502) min saǵebū ilkiri aṣbaḥ meṃāris. *Derjenige, welchem die Miethe gefällt, sieht sich am andern Tag überlistet* (l. meṃāras). *Dam. So die Erkl. — Vgl.* Ṭanṭawi *S. 131 Z. 3 d. u. T.*

503) *So viel der Maulwurf auch gräbt, macht er über sich eine Aufschwellung.*

504) tekātalu elḥuṣẹn sala gird essijjās sū ḥaddum. *Die Hengste fiengen Streit mit einander an in Gegenwart des Stallknechts; zu ihrem Unglück.*

505) elmausūd fīh aḥēr min ettākelu. *Es wird dir stets etwas besseres versprochen, als das was du geniessest (?).*

506) mâ lek min elmâl ger eltäkeln mâlek, bâcir ẹtmût wulwurrât tâkul mâlek. *Nur dasjenige Besitztum, das du geniessest, ist dein; morgen stirbst du, und die Erben vergeuden dein Besitztum. R. — Vgl. Prov. B. 3 S. 616 N. 48.*

507) makân mâ nejjekẹt zättẹtu bijäg. *Am Orte wo du dich vergehst, bringst du Bastarde zur Welt.* (biğ *kurd.* bizi *vide Garzoni s. v. bastardo.)*

508) *Der Fremde geht in den Chân oder in's Blindenhaus. Der Erklärer behauptete, das letzte Wort bezeichne den Raum, von welchem aus das Bad geheizt werde. Ich vermuthe, es sei in der Bedeutung „Blindenhaus" zu fassen, vgl. N. 191.*

509) *Für jeden Faden giebt es eine Oehre. So die Erkl.*

510) *Der Mensch hat einen Führer und fällt dennoch in den Abgrund. R.* (harîr *tief ausgefressene Thalspalte. Orig.Erkl.)*

511) *Alles, was der Fuchs frisst, wird an seiner Haut sichtbar. (Wenn z. B. Jemand von gestohlenem Gelde wohl lebt, merken es die Nachbarn.)*

512) *Das letzte Wort hängt jedenfalls mit dem türk.* ḳürŝy *zusammen. Der Erklärer sagte,* karŝi *sei gleich* mitẹl, ḳubâl. *Sollte davon wirklich eine Form* fazzal *gebildet worden sein? dann wäre zu übersetzen: Bei allem, was du treibst, was hast du wie dich selbst? d. h. wer macht es so gut, als du?*

513) *Der Gott von morgen wird für morgen sorgen.*

514) *Jeder Tag bringt seinen Unterhalt mit sich. — Vgl. Prov. B. 3 S. 551 N. 3315; Burckhardt N. 298. Aehnlich auch Prov. B. 2 S. 912 Cap. 28, 33.*

515) *Die Minarete sind in den Staub gesunken, und die Misthaufen sind an ihrer Stelle emporgekommen.*

516) *Heutzutage sind an die Stelle der Löwen Hunde getreten. — Vgl. Burckhardt N. 455.*

517) eddinja ğifât uṭâlibûha kilâb. *Die Welt ist wie ein Aas, und nur Hunde streben ihr nach.*

518) akünna elkebar wänsîna ma zabar. *Wir haben die Kappern gegessen, aber vergessen, was während dessen sich ereignet hatte. R. (Wir waren in den Genuss vertieft.)* kebar *konnte nicht beschrieben werden; es hiess bloss, es sei ein Wüstenkraut, wesshalb ich daran zweifle, ob hier wirklich Kappern übersetzt werden darf.*

519) baḥsâni tẹnẹjjek ubaḥsẹka tazṭi ḳisẹt. *Die Leute von Baḥsani belustigen*

sich, während die (braven) Leute von Baḥšika ihre Abgaben zahlen. ḳiseṭ *ist einer der vier Jahrestermine der Grundsteuer* (mīri).

520) *Quod canis voravit, id alvo expellere solet.*

521) eddūnja bāla šārāb ḫarāb. *Die Welt ohne Wein ist nichts werth.*

522) *Das Schlimmste, o Gott, ist mit den Feinden zusammen leben zu müssen.*

523) *Das Fass ist in's Rollen gekommen und hat einen Deckel nachgezogen. (Wohl: die Angelegenheit ist in gutem Gange.)*

524) ällbärd wulʿilli säbäb kil sölle. *Kälte und Armuth sind Ursache jeder Krankheit. R. Dam.*

525) *Es schimpfte die Zwiebel auf den Knoblauch, indem sie sagte: du bist scharf, während ich geschärft bin. Das letzte Wort i. Origin. unlesbar. Es ist entweder* mesnūne oder mĕšūme *(so der Erkl.) zu lesen. — Aehnlich Prov. B. 3 S. 368 N. 2200; cit. Burckhardt N. 435.*

526) talāṭe elsülla elḫaš nĕūma wulbācilla. *Drei Dinge sind die Ursachen: der Lattich, die Trüffeln und die Saubohnen. R. (Entschuldigung für Winde.)*

527) *Dein Vater hat getanzt, als es an ihm war; so tanze du nun! da es an dir ist.*

528) *Der alte Bär hat seine Künste gemacht, nun kommt's an den jungen Bären.*

529) *Man sagte zu ihm: Neue Kleider, nun handle recht! (nun hast du frische Kleider bekommen, nun ändere dich auch innerlich). Kurdisch. — Vgl. Garzoni u. veste, fresco.*

530) mesek bijeddek elmessās ḫatta lā jṣṣīr waġza rās. *Nimm das Geschäft in die Hand! damit du nicht Kopfweh bekommst. R.* (messās *eig. langer dünner Stock).*

531) jā ġārti ḫānʿnī uḫalli liṣṣulḥ maṭraḥ. *O Nachbarin, befehde mich nur, aber lass auch einen Ausweg zum Frieden offen! Dam.*

532) ʾāl iftaḥ bābak wōšherū amma säkkeru wusterū. *Er sagte: entweder öffne deine Hausthüre und zeige sie offen, oder verschliesse sie und verbirg sie! Dam. — Man darf doch kaum das zweite und vierte Verbum als Plural auffassen. Verständlicher ist b: Entweder öffne deine Hausthüre und zeige dich mit Stolz, oder verschliesse sie und verbirg dich! R.*

533) ila šil wusterīḥ jā ahmil wusteriḥ. *Entweder thu's und sei ruhig, oder lass es und sei ruhig! (Aber thue nichts halb!)*

534) *Wenn du unten sitzest, so sprich nicht laut! (wie die welche oben sitzen). So die Erklärung.*

535) jä garīb kun adīb. *O Fremder sei höflich (und bescheiden)! R.*

536) urbut elhimār maṭraḥ ma bi'ullak ṣāḥbū. *Binde den Esel an dem Orte an, wo es dir sein Besitzer befiehlt! (Du bist dann nicht verantwortlich.) Dam.*

537) iza kunt gašīm idfaʿ nuṣṣ el tīma. *Wenn du dumm bist (die Sache nicht verstehst), so zahle den halben Preis! (d. h. die Hälfte des vom Kaufmann geforderten Preises). Dam.*

538) barrik gemel wešbaʿ laḥem. *Lass ein Kamel niederknieen und sättige dich mit Fleisch! (Wenn du dein Geschäft ausdehnst, so wirst du in Hülle und Fülle zu leben haben.)*

539) lā tęʿānid fätäška li'an waʿd-allāh ḥak. *Sperre dich nicht! sonst kommst du in's Unglück; denn was Gott verheissen hat, trifft ein.*

540) lā tęʿānid min jęzīdak ʿalīka-tibęn. *Sei nicht widerspänstig gegen den, der dir einen Futtersack Häcksel zu deinem Einkommen hinzufügen kann. (Zunächst zum Esel gesagt.)*

541) *Kümmere dich nicht um den Aufgang noch um den Untergang der Sonne! (Kümmere dich um d e i n e Angelegenheiten!)*

542) *Säe keine Gurken in Gemeinschaft mit Jemand der geringer ist als du! (Schliesse dich eher an Leute an, die dir an Reichthum und Macht überlegen sind.)*

543) *Mit dem Fürsten darfst du dich auf schlechten Fuss stellen, aber nicht mit dem Steuereinnehmer. R.*

544) *Thue das Gute und wirf es in's Meer!* — Ṭanṭawi *S. 111 Z. 6 d. a. T.; vollständiger Berggren u. bien; Neuphal S. 467.*

545) fāliǵ lā tešāliǵ. *Lähmung lässt sich nicht heilen. R. So nach Berggren u. apoplexie. Aber faliǵ ist doch schwerlich femin., so dass man an ein Imperf. Pass. der dritten, besser an ein Imperf. der sechsten Form denken könnte. Also vielleicht „Lass dich nicht darauf ein, einen Lahmen heilen zu wollen!"*

546) *Lass die Leinwand in ihren Falten! (sonst bringst du sie nicht wieder in Ordnung).*

547) *Stirb als Löwe, und lebe nicht als Lämmlein!* (gärgür = fürḥ elḫārūf *Orig.Gl.)*

548) jā madreṭān lā teḥsibān lima tikbodān. *O du Stänker, rechne nicht darauf! bis du es in der Hand hast. R.*

549) lā tirġi elḥēr illa min ahāliha. *Erwarte Gutes nur von Guten! (d. h. gehe nur gute Leute um Wohlthaten an!) Das Femin. des Suffixes ist mir unbegreiflich.)*

550) iklub ḥęwāsek ʒala boṭāne. *Kehre deine Kleider nach dem Saum! (d. h. wohl so, dass man den Saum nicht sieht). Ich vermuthe, es sei* elboṭāue *zu lesen.*

551) lā tęʒāšir ādami ḥākim walā tędajjen min gormamiš ulā tębiʒ sürrak limaratak. *Geh nicht um mit einem Gewalthaber, borge keinem, den du nicht kennst, und vertraue deiner Frau deine Geheimnisse nicht an! — Zu dem ersten Theile vgl. Prov. B. 3 S. 137 N. 830; Neuphal S. 483.*

552) *Im Winter bleibe zu Hause! damit dich die Kälte nicht von Sinnen bringe. R.*

553 lā tokūl aṣli wafaṣli hākaḏa. *Sage nicht: „Ich bin nun einmal so, was Haupt- und Nebensachen betrifft; (sondern bessere dich!). — Die Erklärung dieses Satzes ist mir sehr zweifelhaft, wie ja über den Sinn des dem obigen ähnlichen Sprichworts Prov. B. 2 S. 544 Cap. 24, 453 sehr verschiedene Meinungen vorhanden sind, vgl. Lane unter* 'aṣl.

554) *Sage es der Tochter! damit es die Schwiegertochter höre. — Ich möchte lieber annehmen, dass etwa zu lesen wäre:* kūlū lehā bint *u. s. w. Dann wäre zu übersetzen: Nennt die Schwiegertochter Tochter, damit sie auf dasjenige, was man ihr sagt, höre. — Vgl. Neuphal S. 468.*

555) *Lass keinen Wind! denn wir brauchen keinen Weihrauch. — Vgl. Burckhardt N. 546; ähnlich Berggren u. parfum.*

556) lā tęnīk meġnūn ulā tęḥalli meġnūn jęnīkak. *Ne pedices hominem insanum neve eum praebeas.*

557) dāri zemānak uḥalli elʒakęl mīzānak. *Behandle deine Mitmenschen freundlich, und lass die Vernunft dein Richter sein! R.*

558) *Erziehe deinen Sohn und bringe ihm gute Sitten bei! wenn er stirbt, so ist das sein Ende (d. h. so hast du wenigstens deine Pflicht gethan).*

559) *Sei gerade gegen Gott! denn wer es nicht ist, bereitet sich Unglück.*

560) abūk lakān aʒwar lā tędaḫḫilu ʒalalbēt. *Wenn dein Vater einäugig ist, so lass ihn nicht in dein Haus eintreten! (weil ein Einäugiger Unglück bringt).*

561) rudd elamânât bilmaʿrûf lashâbhâ. *Gieb die anvertrauten Güter mit Dank ihren Eigentümern zurück!*

562) *Strecke deine Hände zum Himmel! das bringt dich weiter. (Die Erklärung ist mir zweifelhaft.)*

563) *Was du auch thust, schaue auf das Ende! (türk. son Originaltxt. ila tahi).* *Vgl. Jesus Sirach 7, 40.*

564) *Verbreite keine Neuigkeiten! denn du hast bloss Schande davon. B.*

565) ida duḳet essudur zalēk bizijâret elkubur. *Wenn es dir eng um's Herz wird, so musst du die Gräber besuchen. B.*

566) ešše zalēk bawwelu lēčān ḥalk ellōḥi. *Sei bei Allem der erste! selbst beim Scheeren des Bartes. Scherzweise sagt man dies auch zum Beduinen, da dieser doch das Rasiren für schimpflich hält. — Vgl. Prov. B. 3 S. 465 N. 2798; Berggren u. barbe; Neuphal S. 190.*

567) *Steig nicht auf uns, deine Beine schüttelnd! (glaube nicht, dass du uns als dein Reitthier benützen und uns die Steigbügel als Sporen in die Flanken treiben kannst.) — Aehnlich Burckhardt N. 135.*

568) *Wenn Flauheit im Handel eintritt, so gieb Acht auf dein Vermögen!*

569) *Wenn du wenig Geld hast, so gieb Acht auf deinen Glauben (doch wohl: trage ihn dann zur Schau)!*

570) luṭṭu hīnu-kūrku. *Haue ihn durch nebst seinem Pelze! (d. h. wenn er auch noch so vornehm ist.)*

571) *Lass die schmutzige Sache in den Bart dessen kommen, der davon spricht!*

572) uḍrub pūneūtäk bālarḍ. *Schlage deine Fäuste auf den Boden, (strenge dich an, nimm die Aufgabe in Angriff)!*

573) kŭl akḷ eǧǧemmāl kum ḳabḷ erriǧal. *Sei so genügsam wie der Kameltreiber, und stehe früher als alle andere Leute von deinem Lager auf! B.*

574) la waḳaz elkaf zalkāf kŭl lā tehaf. *Wenn nur ein Reim auf den andern folgt, so dichte ohne weitere Sorge! (es kommt bloss auf den Reim an).*

Verbesserungen.

N. 141. rataš *vgl. ZDMG. 24 S. 471 Z. 3 v. u.*

N. 206. *schreibe* »jazṭî«.

N. 217. *streiche „vgl. N. 659."*

N. 499 u. 500. *„Derjenige, dessen Schande so klar ist, wie die Sonne, kann sie durch nichts verdecken."*

N. 512. *Das letzte Wort der Phrase ist doch wohl Inf. der dritten Form von* ḳrš *(vgl.* Ṭanṭawi *S. XXIII Z. 21, Bocthor u. s'attaquer, s'interposer, intervenir, se mêler u. a., nach Thorbecke), dann übersetze: Was hast du dich bei deinen Umständen in die Verhältnisse anderer einzumengen?*

N. 515. *Zu* kebar *verweist Thorbecke auf Wetzstein zu Del. Hoheslied und Koheleth S. 451; Marcel u. câpre; Dombay 74 capparis, Bädeker Aegypten S. 87 „Senf"; Petermann Reisen 2, 144 u. a. besonders auch* Hezz elḳuḥûf *S. 71 Z. 30.*

N. 573. *Es beruht auf blosser Conjectur von meiner Seite, dass ich* ǵemmâl *geschrieben habe; eig. habe ich es mit einem m notirt; aber man darf doch kaum an die Kamele denken?*

امثال

١ عزمنه تشندل نركته تندّم.
٢ الرايب المجرّب اخير من لَبن بغير تجريب
٣ كلمن دقّله فهو برقص
٤ ما نعرف خيري لما تجرب غيري.
٥ افراغ الكبير بسع الزغير
٦ من يقدر بقول للسبع تُمك نيتن ـ السبع لا تنول له ثمك جيّف.
٧ من عصاعيص الكلاب ما يطلع شحوم
٨ هل بوكل لحم الصنانير ولو سمنوا
٩ يكون الذيب يبزع من الضباب كان سوّا له فروي من جراب
١٠ لا نفع مع كلب في خرار
١١ يكدّ ابو كلاش ويا كل ابو جسمه.
١٢ الحمار يتعب والفرس تاكل
١٣ ناس تدك وناس تقول ع.
١٤ صنورة الهيدبة تهرّب طرف كبير
١٥ الجيمع اذا انهدم يبان محرابه
١٦ الذي راح من الوجه بطلع من القلب ايضا
١٧ ما تبقّي حشيسة تحت حجر

١٨ كلب السوق ما يطرد ذُباب
١٩ باع البيّاع وانهزم المشتري.
٢٠ عاشر المقبل تقبل وعاشر المدبل تذبل.
٢١ الفرس من خيالها.
٢٢ اذا صنّق لك هلهل له.
٢٣ شمّط الوتد وشمّر العجل.
٢٤ الديك قال يا ما اطول زبّي الجحش قال بني انا اسكت.
٢٥ شوف الجهره واضرب الصطره.
٢٦ طلّع في النعجة وخذ الحليب
٢٧ شي الذي ما اذوقه خلّي يجيء عسكر ويسوقه.
٢٨ لا تقاوم من هو اكبر منك.
٢٩ عاشر صاحبك سنة وبعد السنة جرّبه.
٣٠ ما احد يطعي مرزيبه يوم المطر.
٣١ نحن نسوّد احواسنا ونبيّض احواس الناس.
٣٢ من دعا الثيعان ما يموت رويري
٣٣ من دُعا الكلاب ما تموت الصنانير
٣٤ نينة قبال نينة نسنوي

٣٥ نكبير الرّيش ما بيرّد الم
٣٦ أعجة اذا طقت لوزي نشق
٣٧ البغال تقاتلوا فأجت الرفسات في روس الحمير
٣٨ جحي لمّا صار قاضي جرّس امّه
٣٩ احصانين تشدوم علي فرد مربط
٤٠ ان كان فمّو من تحتك انظر ايش نا اعمل
٤١ راح شالة وجانا موس
٤٢ امه بعين ذاك البلد الذي يكون حكه ولد
٤٣ قالوا ايش شغلك في بيت عدوّك قال مصاريني هم عنده٠
٤٤ ضيعة التيّن ما بريد لها قلوز
٤٥ العين تخشي من العين٠
٤٦ الذي يشق الشق يقدر علي سدّها٠
٤٧ لا من بدقّ البسمار لاكن من ببرجمه٠
٤٨ فسّ البيت ما بريد له بارك مورٍ٠
٤٩ ايش لجخري يصبّون له٠
٥٠ قال احبّك يا رسول الله لاكن من قلبي الي قلبك ساقية٠
٥١ قال احبّك يا سواري لاكن ما هو قدّ زندي٠
٥٢ سعادة المراة خرا٠
٥٣ خبزنا حنطة وخبزكم حنطة٠
٥٤ نُورنك فوق حملو
٥٥ حامينا حرامينا
٥٦ لحية الصالت ما يفرطو ٦٠
٥٧ طاف القدح ماعبر٠
٥٨ يكون اني كان عي
٥٩ حرامي نساق عصانه٠
٦٠ الاعب ما ينقطع من الوحد
٦١ لحمة بتقول للك ستر عيّ حتي اسر عيك٠
٦٢ عنّا النعصي في رقبة الذيب
٦٣ بيت الاحمارد يطلبون من بيت العصور خرج
٦٤ بيت البقرد يطلبون من الحمرد روبه
٦٥ ام السبعه دبرت ام الواحد اعترت
٦٦ الرحا اذا راحت الخُجُق ايش بقا يسوّي
٦٧ لا غمّا مع الغنّام ولا حسابا مع الراعي
٦٨ نقل الحجاره مع شخص حكيم ولا شرب الخمر مع رجل البم
٦٩ نقل الحجاره خير من كذا نجاره
٧٠ صاحب البن ياخذ لبن وصاحب النبي ياخذ مبي
٧١ لمّا يقوم الهارون تشدّد الفيران
٧٢ حاجة العبرية ما تدفي الذي يسها
٧٣ واوي يعارك فيل
٧٤ ارضًا امطرة بشرت لاختها
٧٥ كي مشمش نونو ـ كا مشمش لك نوث له٠
٧٦ كل شعرابة يجد تحتها شيطان
٧٧ شال اسمه سمّانا ورفع جدّه غطانا٠

٧٨ ما يكفي هو نعلّم راح بعلّم امّه·
٧٩ الذي ما يذوق الطعام ما تنفعه الريحا
٨٠ الخشّافة تضحك علي اللكلك·
٨١ الذي بقلبه مسلة تسله·
٨٢ اكوش طير بالسما بصيح كل جنس بجنسه·
٨٣ خذي من بده والطشي بالحائط·
٨٤ الذي بصق في يدك الطخها في وجهُ
٨٥ لسانك احصانك صُنته صانك افلته خانك
٨٦ ما احد يقول لَبني حامض·
٨٧ جبل مع جبل ما يلتقي آدمي مع آدمي يلتقي·
٨٨ الشمعة تضوي علي الناس وعلي عقبها ما تضوي
٨٩ ما في ازيبايه بلا عودابه
٩٠ ما في لحم بلا عظم
٩١ دنّ عَسَل وفيه نُقطابة سمّ
٩٢ كل عود ودخانو فيه
٩٣ كان راح وخلصنا من قضاه فرجع وجاب محمود وجاو قناه
٩٤ مات كلبًا وخلصنا من قضاه فخلف جِروًا انحس من اباه
٩٥ غاب عنا ففرحنا جاءنا اثقل منه·
٩٦ خط الاعوج من ثور الكبير
٩٧ من قلّة الرجال سمّوا الديك ابو القاسم·
٩٨ من قلّة اللحم يسمّون المعلاق حسب الله·
٩٩ من قلّة الناس قلنا للقرد فرداش

١٠٠ من قلّة الخيل شدّينا علي الكلاب اسروج
١٠١ كانّك سرج علي بقرة
١٠٢ حُبك عِبك (عبأك)
١٠٣ كل شي عند العطّار فيه امّا حبّني غصبا ما فيه·
١٠٤ قال حبّني وخذ لك منديل قال المحبّة ما بدّها برطيل·
١٠٥ حبيبي احبّه ولو كان عبد اسود·
١٠٦ من كرم حاله كرمته الناس ومن عمل حاله زباله بحترته الدجاج·
١٠٧ ركّبناه خلّنا مدّ يده بالخرج·
١٠٨ راح يخطبها تزوّج بها·
١٠٩ الذي نصحك لا تغشّو
١١٠ من امّنك لا تخونه ولو كنت خوّان·
١١١ دقّة المعلّم بالف
١١٢ هم ستّاء وهم جوقدار·
١١٣ السلام يجرّ الكلام والكلام يجرّ البطيخ
١١٤ ما يحكّ لحمك الا ظفرك·
١١٥ روزنة ليجيك منها هواء سدها بحراء·— الطاقه التي تجيك منها هواء اشلع عوابق وسدّها·
١١٦ الذي ما له عتيق ما يحسر علي جديد·
١١٧ خذ الاصيل لو كان علي حصير· خذ الاصيل وبات علي حصير
١١٨ طعِّم الثم لتستحي العين
١١٩ الضرف ينضح بما فيه

١٢٠ جاموس مكو بالبلد هذه القرون من ابن٠
١٢١ قالوا عنقود معلّق بالهواء الدي ما يصله يقول هذا حامض وما استوي٠ ــ اما يصل العنقود يقول يا ما احمضه٠
١٢٢ جاء حتي يكحّلها قلع عينيها
١٢٣ جاء يكحّلها اعماها٠
١٢٤ عوض ما تقول لها كش اقلع عينها
١٢٥ بدال ما تقول لها بشت اكسر رجلها٠
١٢٦ موت الحمير عرس للكلاب٠
١٢٧ اليوم اعطني صوف وغدا خذ اسلك خروف٠
١٢٨ من سلك الذي بلّغك
١٢٩ كل واحد يريد النار لنطيرته
١٣٠ كل ذقن له مشط٠
١٣١ كل حجره لها اجره وكل لحيه لها امقس
١٣٢ الحيطان لهن آذان
١٣٣ لا تطعم العبد الكراع فيطمع بالذراع٠
١٣٤ الحي انترخ احوي
١٣٥ الرجل صادبق مقتلة٠
١٣٦ جيجة اليوم اخير من عنزة غدا
١٣٧ بيضة اليوم احسن من جيجة غدا
١٣٨ بيضة اليوم ولا فرخة بكرة٠
١٣٩ احمار وعرق زنجبيل
١٤٠ يد لما تقدر تعضّها بوسها وحطها علي راسك٠

١٤١ اين طمع يكل٠ الذي تطمع مه تكل مه٠
١٤٢ كنا نحسب في الشجرة جامع في معربي
١٤٣ حبّ الدر يكل حطب٠
١٤٤ حبي السمك يكل سمك والرقس يموت من الجوع٠
١٤٥ كل سمك تكون بعضكم
١٤٦ فتني وبكي وراح قلي بشتكي
١٤٧ السكران لا تدقو من حاله يقع
١٤٨ هربنا من الوكف وقعنا تحت مرزيب
١٤٩ ان كان الدليل اعمي ما ذا يكون حال الصير
١٥٠ اركب الديك وانظر الي ابن يوديك٠
١٥١ اذا كان الدليل غراب قد دلّهم علي الخراب
١٥٢ الحنق اليوم يدلّك علي الخراب٠
١٥٣ يا جاري انت بحالك وانا بحالي٠
١٥٤ من اشتهي الحفيرة لاخيه يوقع فيها٠ ــ لا تحفر الجب لغيرك لئلا تقع انت
١٥٥ اعمل بطلس وحاسب البطال
١٥٦ اسلك الرفيق وبعده الطريق
١٥٧ اسلك الجار قبل الدار
١٥٨ الصيّاد يتقلا والعصفور يتقلّي
١٥٩ ما كل مرة تسلم الجرة٠
١٦٠ حيف عي النار حتي انخفّ الرماد
١٦١ تعمل مليح تلقي قبيح تعمل خير تلقي شر٠

١٦٢ بط الثِربه واقتل الصنّا خير لا تعمل شر لا تلقا

١٦٣ عِنَب انريد لك امّا قتل الناطور

١٦٤ ما يطيق علي البغل صار يضرب المُسكاري

١٦٥ الما يطيق علي البركيل يشق الغاوي٠

١٦٦ ما يندر علي الجمل يقتل الجمال٠

١٦٧ حجر الما تغازل تكسّر المغازل٠

١٦٨ علماه الكذبه بقي يدُق ابواب اكبار

١٦٩ كل جِنس يهوا من جنسو

١٧٠ وصفنا المُلاّ خِرِي في الجيمع

١٧١ الناره ما تسع في الجُحْش تشِد في عصعوصها المكنسه

١٧٢ ملدوغ الحيه يفزع من حرّ الحبل

١٧٣ من غربل الناس نخلوه٠

١٧٤ يودّيك علي الشط يجيبك عطشان٠

١٧٥ جيتنا كمثل احمار النصار راح للعين وجاء عطشان

١٧٦ تشارك سنّور وفارة علي خراب الكوارة٠

١٧٧ دقينا المَيّ مَيّ وما صار علاج

١٧٨ طبل ما يندقّ تحت بساط٠

١٧٩ من عاشر القوم اربعين يوم صار منهم٠

١٨٠ اذا كان الحكي من فضة السكوت من ذهب٠

١٨١ هل ينشري من القصّار شمس٠

١٨٢ الشمس ما تهرُب من القصّار

١٨٣ الشبعان ما له خبر من الجوعان

١٨٤ اقطع راس واقطع خبر

١٨٥ علي باله فنساء التل اكو زبيب طلع خراء٠

١٨٦ يعاشر الحدّاد يطير عليه شعاري٠

١٨٧ صوت الطَبل من بعيد يجي طيّب

١٨٨ نحن نعيّب الناس والعيب عندنا٠

١٨٩ يا معيّب لا تعيب اذ لك في كل عيبًا نصيب

١٩٠ كل ديك علي مزبلته صيّاح٠ ــ كل ديك علي زبالته هو قوي

١٩١ الذي يدُق الباب يسمع الجواب

١٩٢ لا تِسأَل عن المر لكن اسال عن رفقايه

١٩٣ من قِلت المُدارات تملي القبور

١٩٤ الغريب اعمي لو كان بصير

١٩٥ الدم ما ينغسل بالدم

١٩٦ الدم ما يصير مي

١٩٧ الذبّان يعرفوا ذقن بيّاع الدبس٠

١٩٨ ستّي ما جاءت بعثت فردة ختّنها٠

١٩٩ اذكُر الذيب وحَضِّر لو قضيب

٢٠٠ الكلب الداير اخير من السبع الرابض

٢٠١ مدّ اجرك علي قدر ابصاطك

٢٠٢ عزّ الكلب لخاطر اصحابه ــ صاحبه٠

٢٠٣ قالوا للوَدّ من ايش تنوث في الحايط قال من زور الذي خلني

٢٠٤ اصابعك ما هم سوا

٢٠٥ كل طير بطير مع اطبورو

٢٠٦ لحية القمّاع بطبز المنلس. ـ دقن القمّاع في طبز المنلس. ـ ضماعكي بنا له بيت فسكي سكن له فيه ضماعكي طب كرا فسكي من ابن بعطي.

٢٠٧ كثرت اصحابي يوم لكان عندي دبس قلّت اصحابي يوم لدبري ببس.

٢٠٨ النفس الدنيّة توقّع قدر صاحبها.

٢٠٩ اذا كان بيتك من قزاز لا تضارب جرك بالحجار.

٢١٠ الذي بودّي هديّة علي جحش بياخذ هديّة علي بعير.

٢١١ سطح الدار قال اطلعوا اليّ ليلاّ انزل اليكم

٢١٢ اذا سكتنا للسنيه بنول من خوفهم

٢١٣ سباب في اهلو اما من جنونه اما من قلة عنلو

٢١٤ الناس اجناس

٢١٥ خلّي باكلك السبع ولا تبقي في ضل ثعلب

٢١٦ مكان لخري شنفوه

٢١٧ بنوت عصابة بطلع لحاية.

٢١٨ عصفور كفل زرزور وطاروا اثنينهم في الهوا

٢١٩ اقتل الغريب وعل افوادو لكان بكون فيه خير كان بيقي في بلادو

٢٢٠ كلّم الناس علي قدر عنولهم

٢٢١ كل واحد نخبرنو بدر حرمتو

٢٢٢ بركبل ودوشك

٢٢٣ نار الحشب بنطفي نار المحبة دوم.

٢٢٤ ان كنت عاشق بزيلك فرد وردة وان كنت حنّاش ما بزيلك حمل الورود.

٢٢٥ صانع الاستاد بطلع استاد ونصف.

٢٢٦ حرامي الابكين يمسك صاحب البيت

٢٢٧ ضرّاب الريح سام.

٢٢٨ الموبي اخبر من الدوا.

٢٢٩ مال الحبيس لابليس.

٢٣٠ الذي كال بالعدل عمي فكيف يكون حال الظالم

٢٣١ جحول بيع الدلو واشتري لمرأتك حلو.

٢٣٢ ابن الحكيم عند المجرّب

٢٣٣ انت امير وانا امير من بقا بسوق الحمير

٢٣٤ حجرة الرديّة في راس البنيّة

٢٣٥ النفير بدبسو والدولتلي بعسلو

٢٣٦ النفير اذا اكل الحيّة بقولو من قلت ادبو واذا اكلها الغني بقولو كانت لاجل درمان

٢٣٧ مكتوب علي باب الجنة ما عمرها حماية احبّت كنّة.

٢٣٨ يا حمة ما كنت كنّة.

٢٣٩ اربعين عدبل ما قتلوا فاره

٢٤٠ اولاد الناس نجيب من الاحجار شُطَف

٢٤١ كل طفل انتشي باس الكبير يده·
٢٤٢ خذ الفال من روس الاطفال
٢٤٣ قاضي الاولاد بخنق حاله
٢٤٤ بنيم وفي يده بيضه
٢٤٥ شكر لا انثي ولا ذكر·
٢٤٦ ينجّينا الله من جار وله عينين
٢٤٧ جيران الخراب يسوي جيرانو صاحب حاجة
٢٤٨ مثل جحش القصّار بجوع يشرب ماء يعطش يشرب ماء·
٢٤٩ عند ما صرنا حرامية زرقة القمرا
٢٥٠ حرامي ما تمسكه كم عصا نضربه·
٢٥١ الذي يسوق الحمار لازم يشمّ اضراطه
٢٥٢ اعطي الخبز لبد خبازه لو اكله كله
٢٥٣ قلوجي وبرجله خيط مشهرته حسب الضريط· ـ قلوجي بظهره كرب ومعاشه حبّ الطرب·
٢٥٤ نبك اخوك ولا تخرّب بيت ابوك·
٢٥٥ لا تصطّ الي قشاره روّاص كان كاره
٢٥٦ اثنان لا يشبعان طالب علم وطالب مال·
٢٥٧ سايغ بسيغ لكنّته
٢٥٨ تخلص شمعة الفقير بصحبة الغني·
٢٥٩ هل نرجي من القحبة ابر·
٢٦٠ الدجاجة لمّا بجعها تنقر راس الديك·
٢٦١ كُرديًا دنيّا ولو صار وَليًا
٢٦٢ النمل والجراد والعرب والاكراد كلهم علي النساد·
٢٦٣ كُردي بهديه
٢٦٤ هذا ايش لون حماقة كوجرية·
٢٦٥ اذا كِبِر الكردي في العُمر بصير راعي للاسحول
٢٦٦ قالوا لليهودي اعطينا خراج ستّين قال ليش ديني باك حتّي اسلّف عليه
٢٦٧ لو بالقرج خير ما كان يبدّلون الزبيب بخرق·
٢٦٨ الله لا يكبّر القرج
٢٦٩ من الزط والقرج·
٢٧٠ المومن ملنّا والكافر موقّا
٢٧١ المسلم لما له شغل يقص ويداوي·
٢٧٢ النُصراني بعد ما يطلع من المحكمه يتعلم الشرع
٢٧٣ حافي بحنه واقرع بعلكي وشاش امقطّع يشلك فيه ورد
٢٧٤ الاقرع ياكل حلاوي قالوا بفروشه·
٢٧٥ اقرع براسه دولة واعور بعينه دولة·
٢٧٦ صبحك بالخير يا اقرع قال له هذا اوّل باب من المخانقة·
٢٧٧ اين ما ضربت الاقرع يطلع دمه
٢٧٨ ايش في الاقرع تمشّطه
٢٧٩ كوج وكجل وجه مبارك·
٢٨٠ القرعاء تباهي بشعر اختها·

٢٨١ الذيب منهوم لو مات جوعان

٢٨٢ جوا الذيب ليقرأ قالوا له الف باء تا. قال خروف عنزة جدي.

٢٨٣ قال العصفور راح مني قُنطار لحمي اليوم فجاوبوه كلّك است عشرة درهم فجاوبهم كل واحد يعرف ميزانه

٢٨٤ الدجاجة بتشرب وبتطلع الي ربّها.

٢٨٥ الذي يحوي الجمل يعلي بابه

٢٨٦ لما قالوا للصنور خراكي درمان بنت الطمو

٢٨٧ قالوا للبقرة سلّبسك كرك قالت دعوا جدي بنفي عليّ.

٢٨٨ يكون في البوم خير ما كان يحصل فيه صيادوب البوم لو كان فيه خير ما فاته الصيّاد.

٢٨٩ سالوا للحمار قايلين الي اين قال يا للحطب يا للعين

٢٩٠ القنفذ قال يا اولادي كلكم شوك في شوك

٢٩١ مثل بغل من قُدّام بكِزّ ومن خلف بشمّص

٢٩٢ قال السبع للثعلب من من تعلمة القسمة قال له من عينين الذيب

٢٩٣ انت قصاب ايش الك في العلبدية

٢٩٤ الويل لّما يجي صاحب الفُحّة

٢٩٥ الذيب فاذا هرم يصير مصخرة للكلاب

٢٩٦ الجمل يحمل قصب وياكل شوك

٢٩٧ قالوا لابو جبب لاي شي نمشي علي الجنب قال كل من يعمل ما يصرّفه.

٢٩٨ الحيه ما تحب النعا وهي تطلع في قدحها

٢٩٩ صاحبك الحقيقي عبك

٣٠٠ كلب له يتبن ما يحوي.

٣٠١ الثور اذا شبع ينكث علي راسه.

٣٠٢ نار في عقب بركه

٣٠٣ الذي ما له اشغال يغير الارطال.

٣٠٤ من كذا وحطان يجي كذا زتش

٣٠٥ هذاك الشبكه جابت هذه السمكه

٣٠٦ ذاك الغيم جاب هذا المطر

٣٠٧ بين المغرب والعشا يفعل اله ما يشاء.

٣٠٨ استخبر من الصوو علي زرّع البل

٣٠٩ الركيل لشع يضرط.

٣١٠ بندح هنا علق في الهند.

٣١١ حط الذهب علي الكلب يصير خواجه.

٣١٢ الكلب كلب ولو طوّقته بالذهب

٣١٣ المكتوب ما بنمحي.

٣١٤ انسان ايش فيه بوجهه براه.

٣١٥ جبل مفلس علي مفلس عيبك تفنع العجب.

٣١٦ كل ارض تشرب مياها

٣١٧ برا البصقه يفنها نصف غرش

٣١٨ ان فاتك الزاد قول له هش.

٣١٩ تراب لبعيد دواء العيين.

٣٢٠ اللحّاح يملك النغم.

٢٢١ هل الكلب بهرب من العجين
٢٢٢ البركيل الهرم يِقص العصعوص ما بصير مُهر
٢٢٣ الجوعان ياكل احجار
٢٢٤ يشتكي من العافية
٢٢٥ كل مدلّل شقي
٢٢٦ المطرود ملحوق٠
٢٢٧ نفس تخطي هي ندان
٢٢٨ ضيف وفضولي
٢٢٩ الوُجي ايش قدر ما كِبر ما بصير فيل
٢٣٠ كل راس لِوجع
٢٣١ كل شي لِوقته
٢٣٢ الفُضولي ودّوه لجهنم قال الحطب نِدي
٢٣٣ عورا ما هي جلنا هي
٢٣٤ فرس الايكين هيّ تزيد عليها
٢٣٥ قالوا للكسلان اليوم عيد قال وغدا وبعد غدا
٢٣٦ اذا دار عليك الزمان دبره علي اكتافك
٢٣٧ كما يدوّر الزمان اندور
٢٣٨ الدين جرب٠
٢٣٩ الخراء خراء لو عدا نهر الفراء
٢٤٠ راحوا يشنقوه اراد له حبل منقّش٠
٢٤١ حركة الكسلان تعمل زيان٠
٢٤٢ يضرب التلّ ما يصيدو
٢٤٣ الما له بيت يهِدّ كوخو
٢٤٤ كل واحد ياكل رزقو

٢٤٥ روّني وانا ابن اهلي
٢٤٦ برغوث يلعب في الدفن
٢٤٧ كانّك حدّاد بلا فحم٠
٢٤٨ كانّك هينا بلا بشنوات٠
٢٤٩ يا ربت عنقي مثل عنق الجمل حتي قبل ما احكي كلمة اذوقها٠
٢٥٠ المرد بحمّا وما يِضرُب
٢٥١ قلة غيرة وطولة عمر٠
٢٥٢ سكة جديدة فلوس حمر٠
٢٥٣ الزور ما يخلا من الواوي٠ ــ كل زور فيها واوي٠
٢٥٤ سكر الذاف حكَم الفقر٠
٢٥٥ يشك ظرف عسل علي لطعة٠
٢٥٦ بربد يغطّي السما بالعما
٢٥٧ حكي الليل بمحيه النهار
٢٥٨ قالوا للكلب اركض وعوّي قال كاربن بيد ما يصير٠
٢٥٩ لراده كلّو يفوته كلو ــ اليريد كلّه يفوته كله٠
٢٦٠ كلمة عاقل من راس مجنون
٢٦١ صوت الطبل يوصل الي بعيد٠
٢٦٢ النذر للدير والخراء علي سمعان٠
٢٦٣ قالوا بصرية كرفس ولا نهينك يا نفس٠
٢٦٤ يا ما له في الدهر يوم
٢٦٥ الذي يسكر ما يعدّ النداح
٢٦٦ مفتاح الشرّ كلمة ومفتاح البطن لقمة٠

٢٦٧ الاكل علي لقمة والشر علي كلمة

٢٦٨ سلامة الانسان بحفظ اللسان·

٢٦٩ من صبر الي المنتهي يخلص·

٢٧٠ الصبر من الرحمان والقلق من الشيطان·

٢٧١ الصبر سلامة والعجاجة ندامة·

٢٧٢ من صبر قدم ومن لجّ كفر·

٢٧٣ الصبر مفتاح الفرج

٢٧٤ العطّار شي الذي في عليته ينادي — العطّار ينادي ما يخرجه·

٢٧٥ الطول طول النخلة والعقل عقل السخلة

٢٧٦ الطول طول الجور والعقل عقل الثور

٢٧٧ كل طويل هبيل وكل قصير فطن·

٢٧٨ كل قصير مفتن غير اعلي

٢٧٩ كل طويل احمق غير اعمر

٢٨٠ لا طول بنا حيط ولا حسن ضوّي بيت·

٢٨١ عمل العذر اقوي من السوده·

٢٨٢ انمّ العيد وقلقه كل من دخل في خرقه·

٢٨٣ البدوي عقب اربعين سنة اخذ ثاره واستعجل·

٢٨٤ الشيطان ما يخرّب عُشّه· — كَوْخه

٢٨٥ بئر الشرب منه ماء لا ترد به حجر·

٢٨٦ سنانير يشوفون بالنوم ياكلون فار·

٢٨٧ الجع يرون في منامهم يغربلون حنطه

٢٨٨ الديك ارا في نومو قد صار علّاف

٢٨٩ كل غيم ما يجيب المطر

٢٩٠ كلمن سلم ما يصير حمعر ماشي

٢٩١ كل عش ما فيه عصفور

٢٩٢ في كل راس ما فيو جوهره — كل راس ما فيو جوهره

٢٩٣ لا كلمن زرك الرماح طعن العاد ولا كلمن شدّ العمامه جاد

٢٩٤ كلمن طنطق ما طلع حدّاد

٢٩٥ لا كل من ذاق الهواء عرف الهواء ولا كل من شرب المدام نديم·

٢٩٦ كلما ينباع في السوق ما هو كتّان

٢٩٧ كل مُدَعبّل ما هو جوز

٢٩٨ واحد يحمل دقو والاخر يتعاجز منها

٢٩٩ الاصيل يحوّل

٤٠٠ سألوا البغل من هو ابوك قال خالي الحصان·

٤٠١ البطيختين يد ما تحمل·

٤٠٢ جرح السيف يطيب وجرح الكلام ما يطيب·

٤٠٣ الجحش اي شيء معلمه بتل العنع·

٤٠٤ التامه مصنولة والجبة ما فيها فولة·

٤٠٥ النتير يصير ابره غليظا·

٤٠٦ النقير اذا تلا بطنه قام زبّه·

٤٠٧ اذا اقبلت باض الديك علي الوتد واذا ادبرت بال الحمار علي اين الاسد·

٤٠٨ قالوا شو احلي من حلاوي قالوا الصلح من بعد العداوة·

٤٠٩ اذا طعمت شبع واذا قتلت وجع
٤١٠ شهر ما لك فيو حساب لا تحسبو
٤١١ الما اكل الخل ما تجعو جوفو
٤١٢ الذي ما اكل الحصرم ما تدرس اسنانو
٤١٣ اصطبر علي الحصرم تاكل عنب·
٤١٤ المغسّل اعور والقطن احمر والمونه شنبعه
٤١٥ ان تابت القحبة تصير قوّادة·
٤١٦ قالوا للديك صيح قال كل شي في محله مليح
٤١٧ الذيبني ايش هي ومرقتنا ايش تكون
٤١٨ ياكل الحمّص ويتكلم باللاهوت
٤١٩ عادة البالبدن ما يغيّرها الا الكفن·
٤٢٠ فرخ البطّ سبّاح
٤٢١ فرخ الكلب نبّاح
٤٢٢ ديك النصيح من البيضة يصيح
٤٢٣ ما يصيبك الا نصيبك
٤٢٤ اذا رُحت لِبَلَد الوحوش اكثر من نصيبك ما تحوش
٤٢٥ قالوا شو احلي من العسل قالوا الخل بلا شي·
٤٢٦ اليوم الك غدا لغيرك
٤٢٧ الدنيا ليلة حُبلي وتلد كل عجيب يومًا لك ويوما عليك
٤٢٨ النعجة ما تدوس خاروفها
٤٢٩ اذا تخاصم اللصّان ظهر المسروق·
٤٣٠ سيذوب الثلج يبيّن الخرا·

٤٣١ من احبّ شيأً اكثر ذكره·
٤٣٢ عصعوص الكلب اذا بقي اربعين سني في الشكّة بعدو يطلع اعوج
٤٣٣ الديك اذا مات عينو في الازبالي
٤٣٤ كل غنمي من كرعوبا تتعلق
٤٣٥ كل جديد له لذّة والعتيق عليه سلام·— كل جديد له لذة وكل عتيق له دزّة·
٤٣٦ خذ لك حموة وانكح
٤٣٧ صار للخرا امراة بقا يحلف بالطلاق·
٤٣٨ قالوا للاعمي علي ايش تدور قال تفتيح العينين
٤٣٩ عين ما بتشوف قلبًا ما بيوجع·
٤٤٠ الشمس اذا غابت فعليك بالقمر
٤٤١ اذا فاتك اللحم عليك بالمرقة·
٤٤٢ ما يقطع الراس الاّ من ركّبه
٤٤٣ ضَو من الضَو والضوّين من الله
٤٤٤ قاعد يدوّق علي القمرا
٤٤٥ كان له حدَبة من خلف راح عمل له واحدة ايضا من قُدّام
٤٤٦ كل طير يقع في حجر
٤٤٧ ما طار طير وارتفع الا كما طار وقع·
٤٤٨ الذي ما عرف تدبيرُه حنطته اكلت شعيره
٤٤٩ الدنيا اطوّل من اصحابها
٤٥٠ غنمه الجربه ما تشرب الا من راس المعين
٤٥١ يطلع من البيضة ويبزق فيا

٤٥٢ كِل العظم علي حنك وإبلعو
٤٥٣ بكون اليوث بشون بصوت العالي الجار كان عمّر كل الخرب
٤٥٤ ما بريد بخرا بخاف بجوع
٤٥٥ ان كان تعدك في الهوا بتعب شاق كبريد لا تنخ ولا تتعب
٤٥٦ اقعد بعيد وقل ما تريد.
٤٥٧ خراء الكلب ما يصير حلاوي.
٤٥٨ الذي ياكل ابرة يخرا مخاط.
٤٥٩ شي الميّت كالميّت.
٤٦٠ زعل علي شفتقه خري بجنبانه.
٤٦١ احترق فمو من الحليب ينخ في الرايب
٤٦٢ الذي ما فيه خير مونه اخير.
٤٦٣ كل من بكي يبكي علي ميّته
٤٦٤ الذي ما له جنجة تحترق بده.
٤٦٥ جحش النصي كل من يجيء يركبه.
٤٦٦ العاربن اذا قرّوا يغطون عينة الشمس
٤٦٧ افلس السمك تنّن الجور
٤٦٨ العرص نراه ملوك في شغل غيرو
٤٦٩ الجبل ما يقلعو الاّ الانصاب الذي يكون منه
٤٧٠ ابن الأرزاق عند الاتّفاق
٤٧١ واحد احترقه دقنو والاخر بريد يشوي عليها كبابة
٤٧٢ قالوا للجمل شو كارك قال دقّ الناي قالو بيّن علي بدبك الرفاع وبيوسك هذا الضبّق.
٤٧٣ نخوض المخاضة ونبيّن او فروة.
٤٧٤ الدين سرز بريد لو ايماسرز
٤٧٥ كل قاتل له مقتول
٤٧٦ راحت السكرة وجاءت الفكرة.
٤٧٧ ماية عصفور ما يملون قدر
٤٧٨ الذي فيه اها ما ينساها
٤٧٩ كما اجت هكذا تروح
٤٨٠ النهار يروح وشرّه ما يروح
٤٨١ العار من بيت الاكابر
٤٨٢ بعد الشّيب عيب
٤٨٣ حجر العنزة مكشّفة.
٤٨٤ ابش كوش عند القحبة غير الحصير والشربة.
٤٨٥ مصائب البين تمر علي القلوب وتود.
٤٨٦ نور اعمي والتين نيم
٤٨٧ انفين الناقرفيس علي بستان بيت الكاتب
٤٨٨ ايبس من خراء الصوم.
٤٨٩ الاسكنّه تتخبر وتدّبجل
٤٩٠ احسن ما تحوّز سفنه جيب لارضه حصيرة.
٤٩١ حمرة علي صنّة وخطوط علي شرطوط.
٤٩٢ يا من تعب يا من شقي خاب الذي امّل.
٤٩٣ قالوا للجمل لما ذا رقبتك طويله قال اطلّع الي بعيد
٤٩٤ عصر ما يوذّن شمس ما تغيب.
٤٩٥ من احكّك لاشاك ومن نفضك فات

وخلاّك·

٤٩٦ الجوز معدود والجراب مشدود·

٤٩٧ الوطن حلوّ ولو كان قبر

٤٩٨ زبوان البلد ولا قمح الجلب·

٤٩٩ عينة الشمس ما تغطيها مواخلها·

٥٠٠ الذي ما يشوف شيء من الغربال الاعمي اخير منه·

٥٠١ لولا الامل خاب العمل

٥٠٢ من اعجبه الكري اصبح ممارس·

٥٠٣ الخلة ايش قدر تحنر علي راسها انعبّي

٥٠٤ تقاتلوا الحصن علي كرد السيّاس سوء حظهم·

٥٠٥ الموعود فيه اخير من التاكله·

٥٠٦ ما الك من المال غير التاكله مالك باكر تموت والوراث تاكل مالك·

٥٠٧ مكان ما نبّـكت زدّيت بياج·

٥٠٨ العزيب يا للخان يا للكورخان

٥٠٩ كل غزلة الها ابزار

٥١٠ الانسـان علي الدليل ويقع في الخربر

٥١١ كل ما آكل الثعلب يطلع من جلده

٥١٢ كلما انت آش لك قرّاش

٥١٣ ربّ غدّي يدبّر غدي

٥١٤ كل بوم ورزقو معو

٥١٥ نامت المنابر وقامت الزبابل

٥١٦ مكان الاسـباع كلاب

٥١٧ الدنيا جيفة وطالبوها كلاب·

٥١٨ آكلنا الكبر ونسينا ما عبر·

٥١٩ بحسانة تنيك وبعشيقة تعطي قسط·

٥٢٠ الكلب ايش لا اكل ذك يخري

٥٢١ الدنيا بلا شراب خراب·

٥٢٢ اضيق يا سبحان معاشرت الاضداد

٥٢٣ انكدر الدنّ وقنًا لو غطا

٥٢٤ البرد والقله سبب كل علة·

٥٢٥ عيّبة البصلة علي الثومة فقـالت انتِ حاده وانا مجـ..ونه

٥٢٦ ثلاثه العلة الخسّ والكما والباقلا·

٥٢٧ ابوك رقص في دورو فارقص انت في دورك

٥٢٨ لعب دب الاكبر بقّي دب الاصفر

٥٢٩ قالو له جلّي طازي راست بكا

٥٣٠ امسك بيدك المسـاس حتي لا يصير وجع راس·

٥٣١ يا جارتي خانقيني وخلّي للصلح مطرح·

٥٣٢ قال افتح بابك واشهره اما سكره واستره·
ـ يا افتح بابك وافتخر ام سدّو وانستر

٥٣٣ الا شبل واستريح يا اهمل واستريح·

٥٣٤ لا تقعد تحت وتحكي حكي فوق

٥٣٥ يا غريب كون اديب·

٥٣٦ اربط الحمار مطرح ما يقول الك صاحبه·

٥٣٧ اذا كنت غشيم ادفع نصف القيمة·

٥٣٨ برّك جمل واشبع لحم·

٥٣٩ لا تعاند فتشقي لان وعد الله حق·

٥٤٠ لا حاسد من بزيدك عليقة نن ·
٥٤١ لا عليك زرقة ولا عليك غابت
٥٤٢ لا تزرع الاخبار مع ازغر منك
٥٤٣ عادي امير ولا تعادي كزبر
٥٤٤ سوي الخير وحذفو في البحر
٥٤٥ فالج لا تعالج·
٥٤٦ خلي الخام علي مطاوبه
٥٤٧ موت سبع ولا تعيش كركور
٥٤٨ يا مضرطان لا تحسبان الي ما تفبضان·
٥٤٩ لا ترجي الخير الا من اهاليها·
٥٥٠ اقلب حواسك علي البطانة·
٥٥١ لا تعاشر آدمي حاكم ولا تدبن من
كورمامش ولا تبيع سرك لمرأتك·
٥٥٢ كانون في بيتك كون لا تكون مجنون
٥٥٣ لا تقول اصلي وفصلي هكذا·
٥٥٤ قولو للبنت حتي تسمع الكنة
٥٥٥ انت لا تفتي ما يلزمنا البخور
٥٥٦ لا تبك مجنون ولا تخلي مجنون ببكك·
٥٥٧ داري زمانك وخلي العقل ميزانك·
٥٥٨ ادب ابنك واحسن ادبو واذا مات
فهو اجرو
٥٥٩ كون مع ابنك دوغري الاعوج يغني بلاه
٥٦٠ ابوك لكان اعور لا تدخله علي البيت·
٥٦١ رد الامانات بالمعروف لاصحابها·
٥٦٢ مد يدك لما اقرب
٥٦٣ ايش تعملت طلع لصوبو
٥٦٤ لا تنقل الاخبار لئلا تكسب العار
٥٦٥ اذا ضاقت الصدور عليك بزيارة
القبور·
٥٦٦ الشيء عليك باونه لو كان حق النجة·
٥٦٧ لا تركبنا وتهز اجربك
٥٦٨ اذا صار كساد احفض مالك
٥٦٩ اذا نفق مالك احفض ايمانك
٥٧٠ لدنه هينه وكركه·
٥٧١ خلبها في دقن الذي يحكيها
٥٧٢ اضرب بنجانك بالارض·
٥٧٣ كل اكل الجبل قوم قبل الرجل·
٥٧٤ لوقع الناف علي الناف قول لا تخاف·

Lugd. Bat., ex typographeo E. J. BRILL.